Erinnerungen an das Zweite Vatikanische Konzil
Zeitzeugen aus dem Erzbistum München und Freising berichten

Erinnerungen an das Zweite Vatikanische Konzil

Zeitzeugen aus dem Erzbistum München und Freising berichten

Herausgegeben vom Diözesanrat der Katholiken
der Erzdiözese München und Freising

Verlag Sankt Michaelsbund

PEFC
PEFC/04-31-1517

70% PEFC zertifiziert

Dieses Papier stammt aus nachhaltig bewirtschafteten Wäldern und kontrollierten Quellen.

www.pefc.de

ISBN 978-3-943135-14-5
Erste Auflage 2012

Für das Buch:

Herausgeber: Diözesanrat der Katholiken der Erzdiözese München und Freising
Schrammerstr. 3/VI, 80333 München
www.dioezesanrat-muenchen.de
dioezesanrat@erzbistum-muenchen.de

Redaktion: Dr. Martin Schneider

Redaktionsteam: Dr. Walter Bayerlein, Dr. Gotthard Dobmeier, Hans Fellner, Rita Spangler

Umschlagmotiv: Gärtner Kommunikation, Wolfratshausen

Gestaltung: Rudolf Kiendl, München

Gedruckt auf PEFC-zertifiziertem Papier MultiArt Silk von Papyrus.

Herstellung: MDV Maristen Druck & Verlag GmbH, 84095 Furth

Für die DVD:

Herstellung: Software Partner Datenmedien-Service- und Vertriebs GmbH,
82008 Unterhaching

Inhalt

Anhang

Vorwort

Am 11. Oktober 1962 eröffnete Papst Johannes XXIII. feierlich das Zweite Vatikanische Konzil. Kein anderes Bild bringt die damalige Aufbruchstimmung so gut zum Ausdruck wie die offenen Fenster. Das Bild geht zurück auf eine Geste von Johannes XXIII. Es wird berichtet, dass der Papst auf die Frage, warum er das Konzil einberufe, ans Fenster ging und es öffnete. Damit stellte er klar: Frischer Wind sollte in die Kirche kommen. Johannes XXIII. wünschte sich ein „neues Pfingsten". Er hoffte, die Kirche mit dem Konzil in neue Zeit führen zu können.

Der Diözesanrat der Katholiken der Erzdiözese München und Freising hat zur Vorbereitung auf das Konzilsjubiläum einen Arbeitskreis eingerichtet. Ein Großteil der Mitglieder sind Personen, die Zeitgenossen des Konzils sind und erzählen können, wie das Konzil auf sie und ihr Umfeld gewirkt hat. Bereits die erste Sitzung hat gezeigt, wie wertvoll und spannend ihre Erinnerungen sind. Damit dieses Gut nicht verloren geht, wurde beschlossen, Zeitzeugenberichte zu sammeln und zu sichern. Zum Ziel setzten wir uns, dass aus der Erinnerungsarbeit kein nostalgischer Rückblick wird. Die Anstöße des Konzils sollten „vergegenwärtigt" und in das Hier und Heute übertragen werden. Denn auch heute gilt es, die Fenster zu öffnen und mit Zuversicht aufzubrechen.

Das Ergebnis liegt mit diesem Buch vor. 29 Christinnen und Christen aus der Erzdiözese München und Freising schrieben auf unsere Bitte ihre Erinnerungen nieder. Sie berichten, welche Entwicklungen und Dokumente für sie besonders wichtig waren und was das Konzil für sie und ihr Leben bedeutete. Zu Wort kommen Vertreterinnen und Vertreter aus verschiedenen kirchlichen Diensten und Ämtern. Die Mehrzahl der abgedruckten Texte stammt aus der Feder von Laien.

Abgerundet wird die Sammlung der Zeitzeugenberichte durch eine Zeittafel, eine Übersicht über die Konzilsdokumente, ein Glossar, ein Personen- und Sachregister und ein kommentiertes Literaturverzeichnis. Dem Buch liegt eine DVD mit Ausschnitten aus Interviews bei, die die Fernsehredaktion des Sankt Michaelsbundes mit Prälat Dr. Gerhard Gruber, Prof. Dr. Hans Maier, P. Wolfgang Seibel SJ, Dr. Walter Bayerlein, Johann Fellner und Friedrich Kardinal Wetter geführt hat.

Zu den Aufgaben des Diözesanrates zählt es, für die Wertschätzung des ehrenamtlichen Engagements einzutreten. Die Zeitzeugenberichte, so hoffen wir, ermöglichen den in den Pfarrgemeinderäten und katholischen Verbänden engagierten Personen einen „erfahrungsgesättigten" Zugang zu den Grundlagen ihres Einsatzes. Schön wäre es, wenn die Erfahrungen der Zeitzeugen die nachwachsende Generation dazu ermutigen, aus dem Geist des Konzils heraus unsere Zeit und Welt mitzugestalten. Diese Aufgabe ist nicht delegierbar – weder an frühere noch an spätere Generationen, weder an ein kirchliches Amt noch an dessen Träger; sie will von allen Christinnen und Christen heute angenommen und zugleich als Chance gesehen werden. Nur so kann die Hoffnung, die von Christus ausgeht und das Leben der Menschen reicher machen kann, in unterschiedlicher Form durch Wort und Tat erfahrbar gemacht werden.

Wir danken allen von Herzen, die zum Gelingen dieses Projektes beigetragen haben:
Den Mitgliedern des Arbeitskreises Vatikanum II des Diözesanrates, dass sie sich mit viel Herzblut in die Konzeption und Durchführung eingebracht haben. Herrn Rudolf Kiendl vom Verlag Sankt Michaelsbund danken wir für die Betreuung des Projektes, für das Layout und für die Erstellung der Register, Herrn Dr. Peter Pfister vom Erzbischöflichen Archiv für wertvolle Hinweise und Tipps[1], der Katholischen Landjugendbewegung Bayern für die Genehmigung, Texte aus ihrem Werkbrief[2] zu verwenden, Herrn Benedikt Gradl und Frau Karin Frankl für die Aufarbeitung der Manuskripte und die Transkriptionen der Audio-

1 Anlässlich des 50. Jahrestages der Konzilseröffnung hat das Erzbischöfliche Archiv München in Zusammenarbeit mit dem Archiv der Deutschen Provinz der Jesuiten und mit dem Karl-Rahner-Archiv München eine Ausstellung inkl. Begleitband erarbeitet. Sie trägt den Titel „Erneuerung in Christus – Das Zweite Vatikanische Konzil (1962-1965) im Spiegel Münchner Kirchenarchive". Der Begleitband erscheint im Verlag Schnell und Steiner, Regensburg.

2 Zweites Vatikanisches Konzil - Mit der Tradition in die Zukunft. © Landesstelle der Katholischen Landjugend Bayerns e.V., München 2011 (www.landjugendshop.de).

Aufnahmen, Frau Andrea Haagn von der Fernsehredaktion des Sankt Michaelsbundes für die Produktion der DVD mit den Zeitzeugen-Interviews. Danken möchten wir auch der Erzdiözese München und Freising für den Druckkostenzuschuss sowie Frau Dr. Gabriele Rüttiger vom Ressort Grundsatzfragen und Strategie für die Unterstützung des Projekts.
Nicht zuletzt danken wir Erzbischof Reinhard Kardinal Marx. Er hat bewusst auf ein Geleitwort verzichtet. Sein Anliegen war es, in die Zeitzeugen eingereiht zu werden und einen eigenen Beitrag beizusteuern.

München, im September 2012

Für den Diözesanrat der Katholiken der Erzdiözese München und Freising

Hans Tremmel, Martin Schneider

Zur Einführung

Hans Tremmel, Martin Schneider

Damit die Erinnerung lebendig bleibt

Zur theologischen Bedeutung von Zeitzeugenberichten zum Zweiten Vatikanischen Konzil

„Zeitzeugen sind der natürliche Feind des Historikers", so ist manchmal zu hören. Zeitzeugen, so die Bedenken, fehlen die Distanz und der nüchterne Blick auf das historische Geschehen. Die Erinnerungen sind gefärbt durch Emotionen und Gefühle. Nicht selten blicken Zeitzeugen nostalgisch zurück. Manchmal projizieren sie auch persönliche Enttäuschungen auf das Ereignis und seine Wirkungsgeschichte.
Die angesprochenen Bedenken sind sicher berechtigt. Auf dem Büchermarkt gibt es eine Vielzahl von „Erinnerungsliteratur", in der die Überzeichnung im Mittelpunkt steht. Auf der anderen Seite ist es spannend, wenn sich Zeitzeugen an Ereignisse erinnern. Dadurch wird Geschichte konkret und anschaulich. Dass Zeitzeugenberichte rein subjektiv sind, gilt auch nur für die je einzelnen Erinnerungen. Betrachtet man die Berichte in ihrer Gesamtheit und wechselseitigen Verwiesenheit, breitet sich ein buntes Mosaik an Erfahrungen, Einschätzungen, Standpunkten und Standorten aus. Die Vielfalt der Perspektiven trägt dazu bei, dass die Erinnerung des einen durch die Erinnerungen von anderen relativiert, manchmal aber auch bestätigt wird. In der vorliegenden Sammlung kommen Vertreterinnen und Vertreter aus den verschiedenen kirchlichen Diensten und Ämtern zu Wort. Das Zweite Vatikanische Konzil spricht in diesem Zusammenhang von den unterschiedlichen Formen des Apostolats. Es beschreibt damit den besonderen Dienst des Bischofs, des Priesters und des Diakons. Es umreißt die spezifische Aufgabe der Ordensleute. Und es entfaltet die besondere Sendung der Laien. Der konziliare Grundgedanke, Kirche als Gemeinschaft (*communio*) zu verstehen, der alle Getauften angehören und an deren Sendung alle teilnehmen, hat daher nichts mit Uniformität zu tun. Es ist zunächst ein Aufruf zur Vielfalt. Jede und jeder ist berufen, an ihrem Platz und

mit ihren Möglichkeiten die Hoffnung, die von Christus ausgeht, zu bezeugen. Die *communio* entsteht aus der wechselseitigen Verwiesenheit der unterschiedlichen Dienste und Charismen. Der Reichtum der Kirche sind die Menschen mit ihren unterschiedlichen Fähigkeiten und Begabungen. Wie ein farbenprächtiges Kirchenfenster durch die Komposition von verschiedenen bunten Glasflächen entsteht, so strahlen in der kirchlichen *communio* die vielfältigen Zeugnisse. In ähnlicher Form kann auch die Vielfalt der Erinnerungen interpretiert werden. Ihr Reichtum ermöglicht einen perspektivenreichen Blick auf das Zweite Vatikanische Konzil und hilft, Vergangenes lebendig werden zu lassen. Auch hier gilt: Das Ganze ist mehr als die Summe seiner Teile.

Konzilserinnerungen sind daher nicht nur ein „Sammlerstück". Sie haben auch eine theologische Relevanz. Zeitzeugenberichte sind eine Form des Glaubens- und Lebenszeugnisses, auf das die Kirche als Erzähl- und Erinnerungsgemeinschaft angewiesen ist. Dieses Zeugnis „gehört in seiner ganzen Vielgestaltigkeit zum Glauben der Kirche"[3]. Neben dem Lehramt und der wissenschaftlichen Theologie ist es nämlich der gelebte Glauben, der *sensus fidelium*, der den Glauben der Kirche bewahrt.[4] Dabei kommt in besonderer Weise die Ortskirche (in unserem Fall die Erzdiözese München und Freising) in den Blick, insofern hier die alltägliche Glaubenspraxis verortet ist.

Die Verschränkung von Glaubensleben und Glaubensdenken ist auch im Hinblick auf die Rezeption des Zweiten Vatikanischen Konzils von Bedeutung. Das Konzil war ein geistliches Ereignis[5], das das christliche Leben im Großen wie im Kleinen beeinflusste. Es hat nicht nur sechzehn Dokumente (und große Men-

---

3 Michael Quisinsky: „Gelebtes Konzil". Zur historischen, theologischen und konzilshermeneutischen Bedeutung von Zeitzeugenberichten zum Zweiten Vatikanum. In: Katrin Gallegos Sánchez; Barbara Henze; Thomas Herkert; Ders. (Hg.): Aggiornamento im Erzbistum Freiburg. Das Zweite Vatikanische Konzil in Erinnerung und Dialog. Tagungsberichte der Katholischen Akademie der Erzdiözese Freiburg. Freiburg i. Br. 2011, S. 31-46, hier S. 37.

4 „Es geht … darum, den gelebten Glauben als Zeugnis ernst zu nehmen, als locus theologicus in der kirchenamtlichen Lehre ebenso zu berücksichtigen wie in der theologischen Reflexion" (Bernd Jochen Hilberath: Alte und neue Herausforderungen angesichts der sich wandelnden Zeichen der Zeit. In: Peter Hünermann; Jochen Bernd Hilberath; Lieven Boeve (Hg.): Das Zweite Vatikanische Konzil und die Zeichen der Zeit heute. (Festschrift für Karl Kardinal Lehmann), Freiburg i. Br. 2006, S. 594-609, hier S. 604).

5 Vgl. Gerhard Gruber: Der Geist des Konzils. Ein Impuls zum 50-jährigen Jubiläum des Zweiten Vatikanischen Konzils (s. S. 29-33 im vorliegenden Band).

gen von vorbereitenden, begleitenden und kommentierenden Texten) hervorgebracht, sondern auch das Leben vieler Christinnen und Christen geprägt. Zeitzeugenberichte können daher ihren ganz spezifischen Beitrag zum Verständnis eines solchen Ereignisses und seiner Dokumente leisten.

Das Konzil und seine Texte in ihrer lebensrelevanten Dimension ernst zu nehmen, entspricht auch dem pastoralen Ansatz des Zweiten Vatikanischen Konzils. Ein zentrales Anliegen des Konzils war es, die Wechselseitigkeit von Glauben und Leben neu zu entdecken. Die von Papst Johannes XXIII. eingeforderte „geistliche Zeitgenossenschaft", das *aggiornamento*, bestimmte Inhalt und Form des Konzils ganz wesentlich. Ausgehend von diesem „Geist" wurde das alltägliche Glaubensleben beeinflusst. So wurden die Gläubigen vor Ort immer wieder dazu ermuntert, sich die Aussagen des Konzils zu eigen zu machen. In den hier versammelten Zeitzeugenberichten wird mehrmals darauf hingewiesen, wie engagiert Julius Kardinal Döpfner für eine breite Rezeption und Umsetzung der Konzilsbeschlüsse geworben hat.[6]

Der Aneignungsprozess ist eine bleibende Aufgabe. Die Erinnerung an das Zweite Vatikanische Konzil macht nur im *aggiornamento* seiner Anstöße Sinn. Schön zum Ausdruck gebracht hat dies Karl Kardinal Lehmann. Vierzig Jahre nach Abschluss des Konzils lautete sein Plädoyer: „Wir lassen uns durch die Besinnung auf das Konzil an ein geistiges und geistliches Erbe erinnern, das wir der Vergesslichkeit unserer schnelllebigen Gesellschaft entreißen und in Dankbarkeit neu annehmen wollen. Solche Erinnerung führt uns durch die Verkrustungen aller Art wieder zurück zu den unverbrauchten Quellen christlichen Lebens, vor allem zum Wort Gottes. So kann die Erinnerung neue schöpferische Kräfte entbinden, die faszinierender und wagemutiger sind als die neuesten Moden des Zeitgeistes, die morgen schon wieder von gestern sind. In diesem Sinne ist das Gedächtnis des Konzils ein herausforderndes Abenteuer, das die Wachheit und Bereitschaft, die Umkehrfähigkeit und die Sensibilität unseres Glaubens auf die Probe stellt. Gerade darum tut lebendige Erinnerung Not."[7]

6 Vgl. z. B. Alois Baumgartner und Winfried Röhmel in diesem Band.

7 Karl Kardinal Lehmann: Das II. Vatikanum – ein Wegweiser. Verständnis – Rezeption – Bedeutung. In: Peter Hünermann; Jochen Bernd Hilberath; Lieven Boeve (Hg.): Das Zweite Vatikanische Konzil und die Zeichen der Zeit heute. (Festschrift für Karl Kardinal Lehmann), Freiburg i. Br. 2006, S. 11-26, hier S. 26.

Hans Tremmel, Martin Schneider

Auswertung der Zeitzeugenberichte

Als wir uns im Arbeitskreis Vatikanum II des Diözesanrates der Katholiken daran machten, persönliche Erinnerungen an das Zweite Vatikanische Konzil zu sammeln, war immer wieder zu hören: „Passt auf, dass daraus kein nostalgischer Rückblick wird!" Dieser Hinweis ist berechtigt. Wir wollten daher unbedingt vermeiden, das Konzil einfach als ein geschichtliches Faktum zu begreifen, an das man sich nun – 50 Jahre danach – vielleicht ein wenig wehmütig erinnert. Die Erinnerungsarbeit, so unser Ziel, soll der Übertragung in das Hier und Heute dienen. Auch in den Zeitzeugenberichten selbst wird dieses Anliegen immer wieder hervorgehoben. Überschriften wie „Das unerledigte Konzil" oder „Das unverbrauchte Konzil" bringen die Stimmungslage gut zum Ausdruck.
Einen Beitrag dazu möchte die folgende Auswertung der Zeitzeugenberichte leisten.[8] Auswertung heißt hier: Wie bei einem Brennglas wird die Vielfalt der Erinnerungen auf zentrale Linien (Strahlen) verdichtet.

1. Geist der Öffnung

Bei einer Durchsicht der Zeitzeugenberichte fällt auf, wie häufig das Stichwort „Öffnung" genannt wird. Der frische Wind, der durch die geöffneten Fenster der Kirche geblasen hat[9], wurde als etwas Befreiendes erlebt. Immer wieder ist – gleichsam als Gegenbild – von der Enge die Rede, die vor dem Konzil herrschte. Dem

---

8 Die folgenden Ausführungen sind inspiriert von der Auswertung der Zeitzeugenberichte im Erzbistum Freiburg (vgl. Katrin Gallegos Sánchez; Thomas Herkert; Barbara Henze; Michael Quisinky: Auswertung der Zeitzeugenberichte. In: Dies. [Hg.]: Aggiornamento im Erzbistum Freiburg. Das Zweite Vatikanische Konzil in Erinnerung und Dialog. Tagungsberichte der Katholischen Akademie der Erzdiözese Freiburg. Freiburg i. Br. 2011, S. 47-65). Wenn im Folgenden auf Zeitzeugenberichte verwiesen wird, wird der Name der Autorin bzw. des Autors genannt. Zu den Nachweisen von Stichworten siehe auch das Personen- und Sachregister.

9 Das Bild von den geöffneten Fenstern geht auf Papst Johannes XXIII. zurück. Auf dieses Bild wird in den Zeitzeugenberichten 11 Mal verwiesen.

wird der öffnende Geist des Konzils gegenübergestellt: Die Öffnung zur Welt und zu allen Menschen guten Willens, die Öffnung zu den anderen Religionen (interreligiöser Dialog), die Öffnung zu den anderen christlichen Konfessionen (Ökumene), die Öffnung von einer stark klerikal bestimmten Kirche hin zu allen Gläubigen (den „Laien"). Nur wer die Unterschiede einst und jetzt miterlebt hat, kann wahrscheinlich ermessen, was das Konzil alles an Neuem und an Verlebendigung angestoßen hat. Das Konzil war – so betrachtet – die Erfüllung einer großen und weit verbreiteten Erwartung: der Erwartung von kirchlichen Erneuerungen und Reformen.[10] Die Zeit des Aufbruchs und der Öffnung hat die Zeitzeugen geprägt. Einige sprechen davon, dass sie ohne Konzil wahrscheinlich die Bindung zur Kirche verloren hätten, dass sie nicht mehr in dem Sinn katholisch wären, wie sie es heute sind.[11]

Diese von vielen bezeugte, von Jüngeren manchmal als nostalgischer Rückblick diffamierte Konzilserinnerung macht auf einen bleibenden Auftrag der Kirche aufmerksam. Mit einem Schlagwort könnte man sagen: „Stillstand ist der Tod". Dies gilt für jede Institution. Für die Kirche gilt es aber nicht nur aus pragmatischen und strategischen Gründen. Die Kirche muss sich nicht wandeln und öffnen, um bei den Menschen besser „anzukommen" oder um sich auf dem religiösen Dienstleistungsmarkt besser zu positionieren. Wenn die Kirche sich an den Bedürfnissen der Menschen orientiert, dann tut sie dies, weil das Evangelium sie dazu drängt. Weil Gott will, „dass alle Menschen gerettet werden und zur Erkenntnis der Wahrheit gelangen" (1 Tim 2,4), muss die Kirche die „Zeichen der Zeit" lesen und den christlichen Glauben immer wieder neu vergegenwärtigen. „Der große

---

10 Hans Urs von Balthasar sprach schon 1950 von der „Schleifung der Bastionen". Martin Posselt, Bayerischer Rundfunk, hat mit diesem Stichwort seine dreiteilige TV-Dokumentation über das Zweite Vatikanische Konzil betitelt: „Schleifung der Bastionen. Das Zweite Vatikanische Konzil". In der ersten Folge geht es um die Zeit vor dem Konzil, die schon weit stärker von Reformimpulsen erfüllt war, als dies aus späterer Sicht meist dargestellt wird (siehe dazu Punkt 6 in diesem Beitrag: „Die ‚Vorzeichen' des Konzils"). Vgl. auch Franz Xaver Bischof, „Der Kairos für eine tiefgreifende Neubesinnung war längst da". Zur historischen Verortung des Zweiten Vatikanischen Konzils. In: Andreas R. Batlogg SJ; Clemens Brodkorb; Peter Pfister (Hg.): Erneuerung in Christus. Das Zweite Vatikanische Konzil (1962-1965) im Spiegel Münchner Kirchenarchive. Begleitband zur Ausstellung des Erzbischöflichen Archivs München, des Archivs der Deutschen Provinz der Jesuiten und des Karl-Rahner-Archivs München anlässlich des 50. Jahrestags der Konzilseröffnung, Regensburg 2012.

11 Vgl. Alois Glück, Georg Rieß.

Theologe und Bischof Irenäus von Lyon und mit ihm nicht wenige Kirchenväter haben dies die Neuheit des Christentums genannt, was durchaus mit dem ewigen Jungsein und Jungbleiben der Kirche zusammenhängt."[12] Der mehrmals in den Zeitzeugenberichten erwähnte Konzilsberichterstatter Mario von Galli SJ brachte daher mit seinem auf das Konzil gemünzten Ausruf „Kirche, was bist du jung, Kirche, wie bist du schön" nicht nur eine punktuelle Begeisterung zum Ausdruck.[13] Dass sich die Kirche wandelt, dass sie eine „ecclesia semper reformanda" ist, ist ein bleibender Auftrag. Die Kirche kann nicht anders, als sich zu öffnen. Sonst würde sie ihrer Sendung nicht gerecht werden.

Es ist daher auch kein Zufall, dass in den Zeitzeugenberichten neben dem „Geist der Öffnung" immer wieder der Aufruf von Johannes XXIII. zum „Aggiornamento" und das Stichwort von den „Zeichen der Zeit" erwähnt werden.[14] Dabei wird hervorgehoben, dass es hier keineswegs um ein undifferenziertes Sich-Anpassen an den Zeitgeist geht, sondern um den gemeinsamen Sendungsauftrag: Kirche in der Welt von heute und für die Welt von heute zu sein.[15]

2. Angstfreier Dialog

Der Geist der Öffnung ist zugleich der Geist der Dialogbereitschaft.[16] Die oben erwähnten Öffnungen haben den Dialog zum Ziel: dass die Kirche sich der moder-

---

12 Karl Kardinal Lehmann: Neue Zeichen der Zeit. Unterscheidungskriterien zur Diagnose der Situation der Kirche in der Gesellschaft und zum kirchlichen Handeln heute. Eröffnungsreferat bei der Herbst-Vollversammlung der Deutschen Bischofskonferenz in Fulda am 19. September 2005. (Der Vorsitzende der Deutschen Bischofskonferenz 26), Bonn 2006, S. 5 (http://www.dbk.de/presse/pm2005/2005-091a%20Eröffnungsreferat.pdf). Zum Motiv des Jungseins vgl. auch Hugo Rahner: Die Kirche ist immer jung. Innsbruck 1970; Hans Urs von Balthasar: Die Jugendlichkeit Jesu. In: Communio 12 (1983), S. 301-305.

13 Mario von Galli SJ rief diesen oft zitierten Satz auf dem Stuttgarter Katholikentag 1964 in die Menge (vgl. Josef Dewald: Zwischenbilanz mit Ausblick. In: Katrin Gallegos Sánchez; Barbara Henze; Thomas Herkert; Michael Quisinky (Hg.): Aggiornamento im Erzbistum Freiburg. Das Zweite Vatikanische Konzil in Erinnerung und Dialog. Tagungsberichte der Katholischen Akademie der Erzdiözese Freiburg. Freiburg i. Br. 2011, S. 15-29, hier S. 6). In meditativen Worten greift auch Theresia Hauser das Motiv des Jungseins auf: „Wir haben Deine Kirche | Sich verjüngen sehen | Nicht nur die Fenster gingen auf | Sogar die Türen standen offen."

14 Das Stichwort „Aggiornamento" wird wörtlich 6 Mal erwähnt; der Hinweis auf den Auftrag, die Zeichen der Zeit zu lesen, findet sich ebenfalls 6 Mal.

15 Vgl. Hans Maier, Reinhard Kardinal Marx, Georg Rieß.

16 Vgl. Gerhard Gruber (Zeitzeugenbericht).

nen Welt öffnet, heißt, sie tritt mit ihr in einen Dialog; dasselbe gilt für die Öffnung zu den nichtchristlichen Religionen und zu den anderen christlichen Konfessionen. Auch hier war die Öffnung zugleich der Beginn des Dialogs.[17] Es ist daher kein Zufall, wenn ein weiteres zentrales Stichwort, auf das die Zeitzeugen immer wieder verweisen, der Dialog ist.[18] Nicht selten sprechen sie in diesem Zusammenhang von einem angstfreien Dialog.[19] Die Grundstimmung der Konzilszeit, so die Erfahrung, „war nicht defensiv und nicht von apologetisch-abwehrbereiter Attitüde“[20]. Der Dialog richtete sich an alle Menschen guten Willens, der Dialog mit Andersdenkenden wurde gesucht, um um Verständnis zu werben, nicht um zu belehren, im Dialog mit den nichtchristlichen Religionen und den anderen christlichen Konfessionen wurde zunächst das Verbindende betont und nicht das Trennende. Implizit und explizit kommt in den Erinnerungen zum Ausdruck: Öffnung, Angstfreiheit und Dialogbereitschaft sind miteinander verschwistert. Sie gehören eng zusammen. Ohne Aufgeschlossenheit gegenüber dem Anderen ist ein Dialog nicht möglich. Einen Dialog zu führen, ist ein anstrengender, die eigenen Gewissheiten herausfordernder Prozess. Wer in einen Dialog tritt, muss den Mut haben, sich auf den Anderen einzulassen. Viele der Zeitzeugen sind enttäuscht, dass dieser Geist nach dem Konzil häufig einem Geist der Enge, der Angst und der Dialogverweigerung gewichen ist.

3. Die Würde des Laien

Bei den konkreten Reformen, die das Konzil angestoßen hat, wird von den Zeitzeugen neben der Liturgiereform vor allem die gemeinsame Verantwortung genannt,

---

17 Das wichtigste kirchliche Dokument zum Dialog ist die ein Jahr vor Ende des Konzils veröffentlichte Enzyklika Paul VI. „Ecclesiam suam“ (1964). Die Pastoralkonstitution des Zweiten Vatikanischen Konzils „Gaudium et Spes“ hat deren Impulse aufgegriffen. Gefordert wird der Dialog in konzentrischen Kreisen: mit der Welt – mit anderen Religionen – mit anderen Kirchen. Voraussetzung für das Gelingen des Dialogs nach außen ist die Bereitschaft zum Dialog nach innen, in der Kirche selbst. Der entscheidende theologische Grund für die Dialogbereitschaft ist das Wirken des Heiligen Geistes. Weil dieser auch außerhalb der Kirche am Werk ist, hat die Kirche auf alle Menschen guten Willens zu hören (vgl. Hanspeter Heinz: Dialog. In: Landeskomitee der Katholiken in Bayern (Hg.): Handbuch Pfarrgemeinderäte. Freiburg i. Br. 2012, S. 105 f.).

18 Es wird 18 Mal erwähnt.

19 Vgl. Walter Bayerlein, Wolfgang Seibel SJ.

20 Alois Baumgartner.

21 Das Stichwort „Laie“ wird 70 Mal genannt.

die Laien und Kleriker in Kirche und Gesellschaft wahrnehmen.[21] Dass das Konzil sich von der alten Teilung in Klerus und Laien verabschiedet hat, dass die Laien nicht mehr nur der weisungsabhängige „verlängerte Arm" des kirchlichen Amtes sind und die Gleichheit aller Getauften grundlegender ist als alle Unterschiede, dass alle, wie das Konzil sagt, „vom Herrn selbst durch Taufe und Firmung" (Lumen Gentium Nr. 33) zum Aufbau von Kirche und Welt berufen sind – all diese grundlegenden Aussagen zum Kirchenverständnis und zum Laienapostolat werden bis heute als motivierend empfunden.[22] „Damit bekam", so Walter Bayerlein, „die Glaubens- und Lebenserfahrung von nicht geweihten Frauen und Männern in der Lehre der Kirche endlich das Gewicht, das ihrer Würde als mündiger Christen entspricht." Auch von vielen anderen Zeitzeugen werden die Konzilsaussagen als Grundlegung ihres kirchlichen Engagements verstanden. Hans Maier bringt dies so auf den Punkt: „Das Grundgesetz hat mich geprägt als Staatsbürger – das Zweite Vatikanische Konzil als Kirchenbürger."
In fast allen Passagen, die sich der Wertschätzung des Laienapostolats widmen, wird betont, dass die Pfarrgemeinde-, Dekanats- und Diözesanräte eine folgerichtige Institutionalisierung der gemeinsamen Mitverantwortung darstellen. Sie werden als legitime Organe im Sinne des Konzilsdekretes über das Laienapostolat verstanden. In diesem Zusammenhang wird mehrmals auf die *Gemeinsame Synode der Bistümer in der Bundesrepublik Deutschland* (Würzburger Synode) verwiesen.[23] Anstatt die erreichten Errungenschaften wieder rückgängig zu machen – wie es in einigen Diözesen der Fall ist –, wird eine konsequentere Umsetzung angemahnt. Das fange damit an, dass Frauen „– trotz vieler Fortschritte – immer noch nicht den ihnen zukommenden Ort"[24] finden, und höre damit auf, dass hinsichtlich Kollegialität und Partizipation der Status quo weit hinter dem Konzil zurück bleibt. Es genüge nicht, „den Ruf nach Demokratie in der Kirche als ihrem Wesen nicht gemäß zurückzuweisen"[25]. Eine Weiterentwicklung wird für dringend erforderlich gehalten.

4. Begeisternde Personen („burning persons")

Bei der Vermittlung des Konzils und seiner Inhalte spielte der persönliche Kontakt eine wichtige Rolle, und zwar der persönliche Kontakt mit Menschen, die von den

---

22 Walter Bayerlein; vgl. Alois Baumgartner, Hans Maier, Jakob Rothmeier, Hanna Stützle.
23 Vgl. Walter Bayerlein, Hans Maier.
24 Walter Bayerlein.
25 Alois Baumgartner.

Anliegen des Konzils begeistert waren und im wahrsten Sinne dafür „brannten". Heute spricht man hier von „burning persons". Mehrmals wird in den Zeitzeugenberichten auf Julius Kardinal Döpfner hingewiesen.[26] Aber auch zahlreiche weitere Theologen und Konzilsväter sind den Zeitzeugen in Erinnerung geblieben. Andere verweisen auf die eigenen Lehrer, Priester und Verwandten. Persönliche Anknüpfungspunkte entstanden darüber hinaus durch das Erleben und das eigene Mittun. Einige Zeitzeugen beschreiben die Aufbrüche in ihrer eigenen Gemeinde[27], an der Hochschule, im Knaben- oder Priesterseminar[28]. Vielerorts entwickelten sich Arbeitsgruppen, die umzusetzen versuchten, was man aus den Konzilstexten herauslas. Hier ein Familienkreis[29], dort eine Gruppe oder ein (neu) entstandener Pfarrgemeinderat[30], dort ein wissenschaftliches Seminar an der Hochschule, das sich mit dem neuen Ökumeneverständnis und dem „subsistit" auseinandersetzte[31]. Andernorts arbeiteten Ordensleute an der Reform des Ordenslebens mit.[32] Das Bibellesen wurde neu entdeckt.[33] In einigen Berichten sprechen Zeitzeugen aber auch davon, dass sie nur wenig von den Konzilsbeschlüssen und den Texten mitbekommen haben.[34] Kritisch wird angemerkt, mehr Behutsamkeit wäre notwendig gewesen. Besonders hinsichtlich der Liturgie sei vieles zu wenig erklärt und zu schnell eingeführt worden. Es habe auch zu lange gedauert, bis die entsprechenden liturgischen Bücher zur Verfügung standen.[35] Damit einhergehendes Herumex-

---

26 Dies ist 26 Mal der Fall.

27 Vgl. Walter Bayerlein, Hubert Brosseder, Gotthard und Johanna Dobmeier, Gräfin Elisabeth zu Dohna, Johann Fellner, Werner Fiutak, Konrad Kronast, Reinhard Kardinal Marx, Jakob Rothmeier sen., Rita Spangler, Hanna Stützle.

28 Vgl. Alois Baumgartner, Johann Fellner, Konrad Kronast, Peter Neuner, Georg Rieß.

29 Vgl. Hubert Brosseder.

30 Vgl. Walter Bayerlein, Rita Spangler, Hanna Stützle.

31 Vgl. Alois Baumgartner.

32 Vgl. Lea Ackermann SMNDA, Odilo Lechner OSB.

33 Vgl. Lea Ackermann SMNDA, Walter Bayerlein, Gräfin Elisabeth zu Dohna, Alois Glück.

34 Vgl. Georg Rieß, Hanna Stützle.

35 Vgl. Konrad Kronast, Hanna Stützle. – In den Augen von Odilo Lechner OSB sind auf die Liturgiekonstitution „überraschend schnell (...) Ausführungsbestimmungen gefolgt, die zunächst Studienausgaben ermöglichten und dann 1969 das Neue Missale Romanum und 1976 das neue deutsche Messbuch". Konrad Kronast hebt positiv die sog. „Modellmessen" hervor, die Kardinal Döpfner an vielen Orten mit Priestern und Verantwortlichen für die Liturgie feierte.

36 Vgl. Reinhard Kardinal Marx, Winfried Röhmel.

perimentieren wird beklagt.[36] Andere, in der nachkonziliaren Jugendarbeit engagierte Zeitzeugen haben die Experimentierphase nicht nur negativ in Erinnerung. Manches sei zwar nicht gelungen gewesen. Von den intensiven Gottesdienstvorbereitungen seien aber bereichernde Impulse ausgegangen, die das spätere Engagement für eine lebendige Gottesdienstgestaltung nachhaltig beeinflusst haben.[37]
Zu den bedeutenden Konzilsvermitteln werden auch die Medien gezählt. Besonders die Radiokommentare von Mario von Galli SJ hatten begeisterte Zuhörer.[38] Es werden in den Zeitzeugenberichten aber auch Hörfunk-Sendungen und TV-Reihen aus der Nachkonzilszeit genannt, die bei manchem in lebendiger Erinnerung geblieben sind.[39] Auffällig ist auch, dass sich die Zeitzeugen in ihren Berichten an eine Vielzahl von Buchtiteln und Autorennamen erinnern.[40]
Alles in allem zeichnen die Berichte das Bild einer regen Gesprächs- und Diskussionsfreude, die sich durch alle Bereiche der Kirche gezogen hat. Vereinzelt wird auch auf die zunehmend heftigeren Polarisierungen der katholischen Kirche der alten Bundesrepublik seit Mitte der 1960er Jahre hingewiesen.[41] Deutlich gezeigt habe sich dies auf dem *Essener Katholikentag* im Jahr 1968. Im gleichen Atemzug wird aber gewürdigt, dass die damaligen Vertreter der Kirche in Deutschland dieser Entwicklung konstruktiv begegnet sind, indem sie die Durchführung einer *Gemeinsamen Synode der Bistümer der Bundesrepublik Deutschland* beschlossen haben. Diese tagte von 1971 bis 1975 in Würzburg. Einige der Zeitzeugen waren als Synodale oder in einer anderen Funktion bei der Würzburger Synode tätig.[42] Sie berichten bewundernd über den Geist der Freiheit und des Dialogs, bestimmt von gemeinsamer Verantwortlichkeit, der dort herrschte. Gewählte Laien aus dem „Kirchenvolk" fanden sich auf Augenhöhe mit Bischöfen und Priestern und erlebten sich als Christen mit ihrer gesamten Lebenskompetenz ernst genommen. Die „befriedende" Rolle, aber auch die gelungene „Eindeutschung" des Konzils durch die Synode wird hervorgehoben. Mit einer gewissen Verehrung wird in diesem Zusammenhang an den Präsidenten der Würzburger Synode, den damaligen Münch-

---

37 Vgl. Gotthard und Johanna Dobmeier, Bernhard Utters; vgl. auch Hubert Brosseder.

38 Vgl. Walter Bayerlein, Walter Flemmer, Odilo Lechner OSB.

39 Vgl. Walter Flemmer.

40 Vgl. Alois Baumgartner, Walter Flemmer, Winfried Röhmel.

41 Vgl. Winfried Röhmel.

42 Walter Bayerlein, Johann Fellner, Christoph Haberl, Theresia Hauser, Hans Maier, Peter Neuhauser, Winfried Röhmel.

ner Erzbischof Julius Kardinal Döpfner, erinnert. Mit seinen Predigten prägte er die Kirchenversammlung und hielt sie auch in schwierigen Situationen zusammen.[43] Döpfner suchte den offenen Dialog, sprach selbst klar aus, was er dachte, hörte aber mit großer Geduld zu, wenn ihm argumentativ widersprochen wurde. Er war offensichtlich zutiefst durchdrungen von der positiven Dialog-Erfahrung des Zweiten Vatikanischen Konzils.

5. Bruch oder Kontinuität

Es wurde bereits erwähnt, dass viele Zeitzeugen den durch das Konzil bewirkten Wandel der Kirche hervorheben. Dem wird nicht selten das Statische, Enge und Herrschaftliche der vorkonziliaren Kirche gegenübergestellt. In den vorliegenden Berichten gibt es einzelne Stimmen, die dieses Schema kritisieren.[44] Sie sprechen sich dagegen aus, die vorkonziliare Kirche nur negativ und die Nachkonzilskirche wie etwas völlig Neues zu beschreiben. Sie wenden sich gegen die Vorstellung eines Bruches und verweisen auf die „Hermeneutik der Kontinuität", die Papst Benedikt XVI. angemahnt hat.[45] Explizit und implizit schwingt diese Diskussion in vielen Berichten mit.[46] In der Mehrzahl wird zwar der Wandel hervorgehoben, es wird dafür aber eine Perspektive gewählt, in der das Neue als Wiederherstellung eines Alten oder als konsequente Realisierung des biblischen Auftrags verstanden wird, eines Auftrags, der immer wieder herausfordert und „vergegenwärtigt" werden muss, an dem die Christen aber immer wieder scheitern. Abt Odilo Lechner OSB spricht zum Beispiel von der „Rückkehr zum Ursprung und der Anpassung an die veränderten Bedingungen der Zeit". Die Katholische Landjugendbewegung (KLJB) Bayerns hat ihren viel beachteten Werkbrief zum Zweiten Vatikanischen Konzil mit „Mit der Tradition in die Zukunft" betitelt. Im Vorwort schreibt das Redaktionsteam: „Die einen sehen im Konzil einen Bruch mit der Tradition bzw. vielen Traditionen der Kirche. Die anderen betonen gerade die *Kontinuität mit der Tradition*, aus der heraus ein *Neuaufbruch in die Zukunft* gewagt wurde. Für den Großteil der Konzilsväter wäre diese Frage leicht zu beantworten gewesen: Natür-

43 Vgl. Winfried Röhmel.

44 Vgl. Reinhard Kardinal Marx, Winfried Röhmel.

45 Vgl. Reinhard Marx; Wolfgang Seibel SJ sieht den Begriff „Hermeneutik der Kontinuität" kritisch.

46 Vgl. Hubert Brosseder, Odilo Lechner OSB, Peter Neuner, Wolfgang Seibel SJ.

lich steht man in der Tradition der Kirche. Entscheidend ist wohl eher, auf welche Aspekte der durchaus vielfältigen und vielstimmigen katholischen Tradition man sich bezieht und wie sich Tradition und neue Erfahrungen der Gegenwart zueinander verhalten."[47] Auch Karl Kardinal Lehmann verweist in seinem Beitrag zur Rezeption des Zweiten Vatikanischen Konzil auf die Spannung „zwischen Überlieferung und Erneuerung, zwischen Tradition und Innovation", innerhalb der das Konzil zu verorten ist. Eine solche Sicht bedeutet seiner Ansicht nach „keine Einebnung des neuen Aufbruchs und neuer Perspektiven, auch nicht eines wachsenden Glaubensverständnisses und einer fortschreitenden theologischen Reflexion." Sie ruft aber in Erinnerung, dass das Traditionsprinzip nicht nur einen bewahrenden Charakter hat, sondern auch zu innovatorischen Impulsen anregt: „Viele Elemente der kirchlichen Erneuerung verdanken sich der Wiederentdeckung des biblischen, patristischen und spirituellen Erbes der Kirche sowie dem neuen Gewicht, das ursprüngliche liturgische Formen (wieder-)bekamen", so sein Resümee.[48]

Die theologische Diskussion um eine „Hermeneutik der Kontinuität" kann und soll an dieser Stelle nicht weiter vertieft werden. Vielleicht ist es auch sinnvoller, für die Beschreibung des kirchlich-religiösen Wandels einen sozialwissenschaftlichen Zugang zu wählen. So führt zum Beispiel bei der Analyse des sozialen Wandels ein Denken in Kategorien des Fortschritts und der voranschreitenden Modernisierung in die Irre. Um das Schema einer unilinearen Entwicklung zu vermeiden, wird eine handlungstheoretische Perspektive gewählt. „Diese lenkt die Aufmerksamkeit auf die Handlungen, aus denen sich soziale Prozesse und soziale Ordnungen ergeben und in denen sich diese realisieren".[49]

Der mit dem Zweiten Vatikanischen Konzil verbundene Wandel, die erlebten Umbrüche und Aufbrüche – von Zeitzeugen oft als Wirken des Heiligen Geistes beschrieben – können in dieser Sichtweise der „Kreativität des Handelns"[50] zugeordnet werden. Ganz im Sinne des Konzils erhalten damit die freie und schöpferische Kraft des Glaubens, die Vielfalt des christlichen Engagements und ihre wechselseitige Durchdringung (*communio*) den gebührenden Stellenwert. Der

47 Zweites Vatikanisches Konzil – Mit der Tradition in die Zukunft. © Landesstelle der Katholischen Landjugend Bayerns e.V., München 2011 (www.landjugendshop.de), S. 5.

48 Karl Kardinal Lehmann: Das II. Vatikanum – ein Wegweiser (Anm. 7), S. 17.

49 Hans Joas: Glaube als Option. Zukunftsmöglichkeiten des Christentums. Freiburg i. Br. 2012, S. 113.

50 Hans Joas: Die Kreativität des Handelns. Frankfurt a. M. 1992.

Wandel kann demnach nicht abgelöst von den kirchlich-religiösen Bewegungen verstanden werden, die vor und nach dem Konzil einflussreich waren. Auch für den Verlauf des Konzils selbst bietet sich eine derartige Perspektive an. So plädiert Karl Kardinal Lehmann dafür, das „Konzil als Prozess" zu verstehen und dieses Verständnis der „Kennzeichnung als ‚aggiornamento', ‚Modernisierung' usw. vor[zu]ziehen oder mindestens gleich[zu]stellen"[51].

6. Die „Vorzeichen" des Konzils

Die vom Konzil angestoßenen Reformen fielen nicht einfach vom Himmel. Sie sind zum Teil schon vorher in den Gemeinden und Bewegungen praktiziert worden. So schreibt Konrad Kronast: „Das, was das Zweite Vatikanische Konzil an Neuerungen gebracht hat, hat bei mir schon früher angefangen. Dies gilt gerade für den Bereich der Liturgie. In meiner Zeit als Gymnasiast und Seminarist habe ich in den 1950er Jahren durch meinen Heimatpfarrer Franz Fischer erlebt, was Aufbruch bedeutet. Er hat die erneuerte Karwochenliturgie, vor allem die Osternacht, intensiv in der Pfarrgemeinde umgesetzt. Schon damals wurde praktiziert, dass viele in der Liturgie mitwirken sollen, in einer jeweils verschiedenen Rolle." Neben der Neuordnung der Kar- und Osternachtsliturgie in den 1950er Jahren[52] werden in den Zeitzeugenberichten die Betsingmesse, die Gemeinschaftsmesse und die liturgische Erneuerung als „Vorzeichen" des Konzils gedeutet.[53] Nicht zu unterschätzen ist in diesem Zusammenhang die Bedeutung des „Schott". Dieser ermöglichte den Menschen schon lange, dem Gottesdienst in ihrer Muttersprache zu folgen. Auch die Erinnerung an den Eucharistischen Weltkongress 1960 in München ist sehr lebendig.[54] Der „Aufbruch der Kirche, die Erfahrung ihrer ‚ökumenischen' Weite und das Erlebnis der weltumspannenden Katholizität in ihrer kulturell vielfältigen Gestalt" verbindet zum Beispiel Alois Baumgartner „nicht zuerst mit dem Konzil,

---

51 Karl Kardinal Lehmann: Das II. Vatikanum – ein Wegweiser (Anm. 7), S. 12.

52 Vgl. auch Georg Rieß.

53 Vgl. Konrad Kronast, Jakob Rothmeier sen., Hanna Stützle. Zu „Vorzeichen" und Umsetzung der Liturgiereform in der Erzdiözese München und Freising vgl. Winfried Haunerland: München und die Liturgierform. Eine lokalgeschichtliche Perspektive auf das Zweite Vatikanische Konzil; Wolfgang Steck: Der Beginn der Liturgiereform in der Erzdiözese München und Freising. Eine chronologische Spurensuche. Beide Beiträge sind erschienen im Begleitband zur Ausstellung „Erneuerung in Christus" (Anm. 10).

54 Vgl. Alois Baumgartner, Walter Bayerlein, Konrad Kronast.

sondern mit dem Münchner Eucharistischen Weltkongress". Die lebendige Teilhabe an der eucharistischen Gemeinschaft war für ihn „eine Anbahnung dessen, was sich später im Konzil verdichten sollte"[55]. Die Liturgiekonstitution wurde auf diesem Hintergrund weniger als Neuerung, sondern als amtliche Bestätigung für die Neuausrichtung der Liturgie gesehen. So gesehen ist es gar nicht so erstaunlich, wie schnell die Gemeinden nach dem Konzil bereit waren, die Änderungen anzunehmen.[56]

Neben den „von oben" genehmigten Öffnungen, die bereits vor dem Konzil praktiziert worden sind, werden von den Zeitzeugen die „von unten" kommenden Bewegungen erwähnt: die Bibelbewegung, die dem ganzen Volk den Reichtum der Bibel erschließen wollte, die Liturgische Bewegung, die die Erforschung der vielfältigen frühchristlichen Liturgien für die Gegenwart fruchtbar machen wollte, die Ökumenische Bewegung, damals „Una Sancta" genannt, die die Einheit in Vielfalt entdeckte, und die missionarischen Bestrebungen, die an die Sendung der ganzen apostolischen Gemeinde anknüpften.[57] Eine wichtige Rolle spielte in diesem Zusammenhang die mutige, von manchen Diözesanleitungen oft argwöhnisch beobachtete Praxis von einzelnen Priestern.[58]

Die genannten Bewegungen waren in der Jugend lebendig und hatten wie die Jugendbewegung ihre Wurzeln in den 1920er Jahren. Auch für die nachkonziliare Zeit wird von vielen Zeitzeugen die Bedeutung der Jugendarbeit, nicht zuletzt der verbandlichen, hervorgehoben – manchmal auch in Abgrenzung zu den Gemeinden, wo die Konzilsbeschlüsse viel später „angekommen" und vorsichtiger aufgenommen worden seien.[59] Daran zeigt sich: Was als Wandel und Atmosphäre des Aufbruchs erlebt wurde, ist nicht nur dem mutigen und weitsichtigen Handeln von Bischöfen und Theologen zu verdanken. Die Basis und den Nährboden bildeten die Gemeinden und Bewegungen. Nicht zuletzt die Jugend hatte einen großen Einfluss. Eine bleibende Anfrage, die sich aus der Erinnerung an die Konzilszeit ergibt, ist daher: Welche Bewegungen gibt es heute, die vom freien und schöpferischen Geist

---

55 Konrad Kronast spricht von einer „Vorausnahme des Geistes des Konzils", Walter Bayerlein ein wenig zurückhaltender von einem „kurzen Vorfrühling".

56 Vgl. Odilo Lechner OSB, Peter Neuner.

57 Vgl. Walter Bayerlein, Odilo Lechner OSB, Gerhard Gruber, Hanna Stützle, Friedrich Kardinal Wetter.

58 Vgl. Walter Bayerlein, Konrad Kronast.

59 Vgl. Alois Glück, Peter Neuhauser, Bernhard Utters.

Gottes inspiriert sind, Bewegungen, die erfahrbar machen lassen: „Kirche, was bist du jung, Kirche, wie bist du schön“ (Mario von Galli SJ). Wenn das Jungsein zu einem bleibenden Auftrag der Kirche gehört, dann ist das Hören auf die Jugend nicht nur aus pragmatischer Hinsicht wichtig. „Kirche, was bist du jung, Kirche, wie bist du schön“ – ohne diese Erfahrung hätten sich viele aus der Konzilsgeneration von der Kirche verabschiedet. Weil sich was veränderte, blieben sie dabei und engagierten sich in den Katholikenräten und Verbänden. Können Jugendliche auch heute diese Erfahrung machen? Wie können wir ihnen dabei helfen?

Gerhard Gruber

Der Geist des Konzils

Ein Impuls zum 50jährigen Jubiläum des Zweiten Vatikanischen Konzils

I.

„Seid gewiss: Ich bin bei euch alle Tage bis zum Ende der Welt" (Mt 28,20). Gott, unser Schöpfer, ist im auferstandenen Herrn bei uns, alle Tage, immer – das muss doch in unserem Leben erfahrbar sein, wenigstens für die, die dafür offene Sinne haben! Freilich wird die Erfahrung nicht immer gleich deutlich und dicht sein, zumal wenn wir auch immer wieder erleben müssen, dass wir nur „durch viele Bedrängnisse" (vgl. Apg 14,22: tribulationes, engl. „trouble") zum Reich Gottes gelangen können. Eine von Gottes gütiger Vorsehung geschenkte Erfahrung seiner Nähe war gewiss in besonders dichter Weise das Zweite Vatikanische Konzil. Eine Besinnung auf dieses Ereignis der Jahre 1962-1965 kann auch uns an dieser Erfahrung teilhaben lassen. Dabei dürfen wir nicht an Buchstaben hängen bleiben, denn auch von den Konzilstexten gilt, was der hl. Paulus über die Bibel sagt: „Der Buchstabe tötet, der Geist aber macht lebendig" (2 Kor 3,6). Wir müssen sie in dem Geist lesen, in dem sie geschrieben sind. Welches jedoch sind die Merkmale des Geistes, der die 2.500 Konzilsväter beseelte und der sich in den 16 Dokumenten niederschlug, ohne darin festgenagelt werden zu können?
Vordergründig war es das Erlebnis einer viele Teilnehmer ergreifenden positiven Stimmung, einer Emotion der Gefühle, einer wahren Begeisterung, die an die Beschreibung des Pfingsttages in der Apostelgeschichte (Apg 2,1-42) erinnert. Ich erlebte diese Begeisterung als Begleiter von Kardinal Julius Döpfner, dem damaligen Erzbischof von München und Freising, beginnend mit der Fahrt nach Rom. Wir unterbrachen die Autofahrt für die erste Nacht in Brixen, die wir bei Bischof Josef Gargitter, einem guten Freund des Kardinals, in der Brixener Hofburg verbrachten. An dem langen Abend tauschten wir u.a. Erinnerungen an unsere römischen Studienzeiten aus; es wurde das Flair der Stadt der Apostel

lebendig, der wir zueilten. Den zweiten Abend und die zweite Nacht erlebten wir in geistlicher Gesprächs- und Gebetsgemeinschaft mit den Franziskanern auf dem La-Verna-Berg, wo der hl. Franziskus, den der Kardinal sehr verehrte, die Wundmale Christi empfangen hat.

So waren wir eingestimmt auf den feierlichen Eröffnungsgottesdienst in St. Peter, den Abend mit dem Fackelzug und mit der improvisierten Rede Johannes XXIII., auf die sensationelle erste Arbeitssitzung (Generalkongregation) des Konzils am 13. Oktober 1962, auf das spannende Auf und Ab des Konzilsalltags in vier Perioden bis zur Abschlussfeier mit der markanten Ansprache Pauls VI. am 8. Dezember 1965.

Das Phänomen der Begeisterung allein ist freilich kein Beweis für das Wirken des Heiligen Geistes; da bedarf es noch der Unterscheidung der Geister. Ignatius von Loyola nennt, in Übereinstimmung mit dem hl. Paulus (vgl. Gal 5,22), die innere Beruhigung, den inneren Frieden als Kennzeichen für das Wirken des Gottesgeistes. In diesem Sinne war das Wirken des Heiligen Geistes im Konzil deutlich zu spüren, aber auch das Wirken des Ungeistes, der gerade auch dort am Werk ist, wo der gute Geist weht. Ein Konzil bleibt darum, wie alle vom Geist gewirkten Dinge in der Geschichte, ein begrenztes Werk, nicht Endpunkt, sondern Station auf dem Weg der Kirche, die zum Weitergehen ermutigt. Gerade so kann die Rückbesinnung auf das Zweite Vatikanische Konzil für uns heute, in der gegenwärtigen schwierigen Situation der Kirche in Europa, hilfreich sein für die erhoffte Neu-Evangelisierung.

In diesem Zusammenhang möchte ich gerade im Blick auf die gegenwärtigen starken Spannungen in Kirche und Gesellschaft noch einmal zurückkommen auf die eben angesprochenen Grenzen, auf den „Ungeist“. Ich meine damit nicht die im Konzil manchmal recht heftig verteidigten gegensätzlichen Standpunkte; diese sind legitim. Menschliche Grenzen und un-geistliche Kräfte wurden deutlich, wo versucht wurde, den Konzilsprozess gewaltsam in eine bestimmte Richtung zu lenken oder gar zu blockieren; solche Grenzen konnten sogar unüberwindlich erscheinen, wenn etwa ein Thema abgesetzt wurde, um ein Scheitern des Konzils zu vermeiden. Das Wirken des Geistes ist menschlich nicht machbar, aber es stellt sich ein, wo Liebe und Vertrauen herrschen und wo darum gebetet wird. Dann sind die (notwendigen) Streitigkeiten nicht zu fürchten. Papst Johannes XXIII. sieht gerade auch in ihnen das Wirken des Heiligen Geistes: „Der Heilige Geist lenkt auch die gegensätzlichen menschlichen Interessen weise zum Heil der Kirche“ (Eröffnungsansprache).

II.

Wie zeigte sich der „Geist des Zweiten Vatikanischen Konzils“ konkret in dessen Ablauf und Beschlüssen? Ich kann hier nur von einigen wenigen, aber meines Erachtens besonders bedenkenswerten Beobachtungen berichten:

1. Gemeinschaft mit dem gegenwärtigen Herrn der Kirche und untereinander (Communio)

Die Sitzungen beginnen mit Gebet, Inthronisierung des Evangeliums und Eucharistiefeier. Jesus Christus, der Auferstandene, soll in Wort und Zeichen als der eigentlich und unmittelbar Sprechende und Handelnde erfahrbar werden. Die Konzilsväter werden sich ihrer Verantwortung als Nachfolger der Apostel (zusammen mit dem Papst, aber nicht als Delegierte des Papstes) bewusst. Im Kollegium der Bischöfe stellt sich die Weltkirche als eine umfassende Gemeinschaft dar, zu der auch der gläubige Beobachter gerne gehören möchte. So wird schon vom Tag der Eröffnung an – oder schon von der erwartungsvollen Vorbereitungszeit an – die Gemeinschaft mit Gott und untereinander erfahrbar und wirksam („Communio“, „Koinonia“), die aus dem Glauben an den sich in Jesus Christus offenbarenden Gott entsteht und alltäglich in der Gottes- und Nächstenliebe praktiziert wird. In diese Gemeinschaft bringen die Bischöfe die Nöte ihrer Ortskirchen ein und finden dafür im gemeinsamen Bemühen, getragen von der Hoffnung auf die verheißene Vollendung, die zeitgemäßen Lösungen. Auf diese Weise entsteht eine gemeinsame Vision, dass heißt ein Zielbild von Kirche als dem durch die Geschichte wandernden Volk Gottes, die alle erfasst, mitreißt und begeistert.

2. Gemeinschaft der hörenden und empfangenden Bischöfe

Als ein Gegenüber zum anwesenden Herrn der Kirche erfahren sich die Konzilsväter als Hörende und Empfangende. Sie können die erwarteten „Heilmittel der Barmherzigkeit“ (Johannes XXIII.) für das Volk Gottes nicht machen, sondern nur empfangen (und weiterreichen). Der Geist schenkt sie auf unterschiedliche und oft unerwartete Weise, z.B. durch Eingebung an einzelne Personen: etwa die Intervention der beiden Präsidenten-Kardinäle Lienart und Frings bei der ersten Generalkongregation, durch die die Wahl der Kommissionen und damit die gesamte Ausrichtung der Konzilsarbeit wesentlich bestimmt wurde, oder die Beiträge einzelner Fachleute („Periti“) in den Kommissionen, wo z.B. Rahner und Ratzinger maßgeblich die Volk-Gottes-Idee einbrachten, die für das Kirchenbild des Konzils grundlegend war.

3. Dialoggemeinschaft der Bischöfe

Trotz aller menschlichen Grenzen und Schwächen war das Bemühen vorherrschend, mit innerer Bereitschaft, im Wissen um den Auftrag des Herrn der Kirche zur Bezeugung der Einheit, einander auf Augenhöhe zu begegnen, im Gespräch einander zu respektieren und ernst zu nehmen. So konnte die Gefahr eines Abgleitens in Rechthaberei und in einen unfruchtbaren Multimonolog immer wieder vermieden werden; so war dem Konzil ein wahrhaft geistgewirktes Ergebnis geschenkt, eine wirksame Hilfe für die „Erneuerung des Denkens, des Tuns, der Sitten, der moralischen Kraft, der Freude und der Hoffnung“ (Paul VI.) für Kirche und Welt.

4. Weltweite Öffnung der Glaubensgemeinschaft

„Der Geist des Herrn erfüllt das All; der, der alles zusammenhält, kennt jede Sprache“ – dieses Responsorium der Pfingstliturgie (aus Weish 1,7) fand im Konzil eine bis dahin ungeahnte Bestätigung. Die Konzilsväter, die wie beschrieben aus dem Auftrag des Herrn bald ihr kollegiales Selbstbewusstsein gefunden hatten, erkannten sich schnell als Teil der größeren Einheit des Gottesvolkes, zu dessen Dienern (Lumen Gentium Nr. 18) sie berufen sind. Im Wesen, sozusagen existenziell, gibt es keinen Unterschied zwischen geweihten Amtsträgern und Laien; es waltet unter allen „eine wahre Gleichheit in der allen Gläubigen gemeinsam Würde und Tätigkeit zum Aufbau des Leibes Christi“ (Lumen Gentium Nr. 32). Diese Einheit aller Gläubigen in der Kirche überwindet ein seit langem währendes „vertikales Schisma“ (Eugen Biser) der Kirchengeschichte und bezieht, wenn auch abgestuft, letztlich alle Menschen mit ein: die nichtkatholische Christenheit (Ökumenismusdekret), die nichtchristlichen Religionen, besonders die Juden, (Erklärung über das Verhältnis zu den nichtchristlichen Religionen) und schließlich die gesamte Menschheit (Pastoralkonstitution über die Kirche in der Welt von heute und Erklärung über die Religionsfreiheit). Für jeden Menschen ist charakteristisch seine hohe Würde, abgeleitet aus seiner „hohen Berufung“, aus der Tatsache, „dass etwas wie ein göttlicher Same in ihm eingesetzt ist“ (Gaudium et Spes Nr. 3; vgl dazu Joh 1,13: „aus Gott geboren“) und aus der Bedeutung des Gewissens (Gaudium et Spes Nr. 16), dem „Heiligtum“, wo der Mensch „allein mit Gott“ ist.

III.

Blicken wir nach all dem Gesagten heute auf das epochale Ereignis des Zweiten Vatikanischen Konzils zurück, so lässt sich m. E. in dem vielgestaltigen Vorgang, in der mühevollen Bearbeitung einer riesigen Menge von Fragen und Vorschlägen (zu Beginn des Konzils gesammelt in 17 Bänden!) eine Linie, ein roter Faden, eine geistliche Führung erkennen, in der man gewiss die Leitung durch den Geist Gottes sehen darf. So zeigt das Konzil den Weg, auf dem das Volk Gottes auch heute eine Lösung der anstehenden Fragen wird finden können: im Gespräch (Dialog) und Handeln, im geschwisterlichen Miteinander aller Beteiligten, mit der Hilfe der Ämter und besonderen Berufungen (vom Papst bis zur letzten Ministrantin und zum letzten Ministranten), immer im Blick auf den gegenwärtigen Herrn der Kirche, der durch seinen Geist „alles in allen" (1 Kor 12,6) wirkt. Dieser Geist ist die „neue Flamme" der göttlichen Liebe, die durch das Konzil „in unserem Herzen entzündet" werden sollte (Paul VI., Schlussansprache). Unser gegenwärtiger Papst Benedikt XVI. greift mit seiner Enzyklika „Gott ist die Liebe" dieses Stichwort gewissermaßen wieder auf. So könnte vielleicht mit dem Leitwort „Gott, der die Liebe ist, der alle Menschen (und die ganze Welt) in seiner liebenden Zuwendung unverlierbar umfangen hält" eine zur Einheit und zum Frieden führende „Relecture" des Zweiten Vatikanischen Konzils für alle gegenwärtig in der Kirche bestehenden Gruppierungen möglich werden.

Zeitzeuginnen und Zeitzeugen

Lea Ackermann SMNDA

Wie mich das Zweite Vatikanische Konzil zum Nachdenken angeregt und mein Leben geprägt hat

1960 bin ich in die Gemeinschaft der Missionsschwestern *Unserer Lieben Frau von Afrika* eingetreten. Eine missionarische Gemeinschaft für Afrika. Schwestern aus sehr vielen verschiedenen Ländern der Erde wurden ausgebildet, um nach Afrika in die Mission zu gehen. Mich hat vieles fasziniert, aber manches war für mich auch fremd und unverständlich. Oft fragte ich dann mit Blick nach oben: „Lieber Gott, ist das jetzt wichtig und notwendig? Aber für Dich mach ich das schon!" „Ist der Wille der Oberin oder diese Regel tatsächlich Dein Wille?", blieb dann doch meine Frage.

Dann kam das Zweite Vatikanische Konzil. Der Papst lud Bischöfe aus der ganzen Welt zu diesem Konzil ein, nicht wie früher nur die Europäer. „Aggiornamento" war seine Devise: das Heutewerden des Evangeliums. Zurück zu den Quellen! Die Botschaft Jesu für Menschen von heute auf den Punkt bringen, in ihrer Sprache und je nach ihrem Verständnis! So wurden die Türen und Fenster zur Welt hin geöffnet. Dieser Ansatz hat mich begeistert.

Aber er hat auch Ängste ausgelöst. Die dogmatisch und kirchenrechtlich ausgerichtete und bestimmte Kirche – sollte sie nun protestantisch werden? Luther hatte ja auch von „sola scriptura" gesprochen. So meldeten sich schon bald die Gegner des Konzils.

Im Kloster überlegten wir, den Austausch über Bibelstellen in wöchentlichen Treffen einzuplanen. Wir wollten nicht mehr nur allein vor uns hin meditieren. In der Gemeinschaft wollten wir austauschen, ob und wie die Bibel unseren Alltag bestimmt, welche Impulse für den Alltag daraus zu holen waren und warum es Schwierigkeiten dabei gab.

Die Schwestern waren sehr verschiedener Ansicht. Einige waren begeistert. Andere fanden es gegen die Bescheidenheit, „sich öffentlich zu produzieren". Ich war angetan von der Idee des Austauschs und wir, meistens Jüngere, setzten ihn um.

Ich erinnere mich aber auch, dass einige gut meinende Ältere zu uns sagten: „Redet ihr, wir hören zu!" Das ärgerte mich. Der Austausch sollte uns helfen, Facetten von Texten zu entdecken, auf die ich allein nicht gekommen wäre. Wir mussten lernen, wie mit dieser Möglichkeit umzugehen war, um nicht voreilig zu urteilen bzw. zu beurteilen. Jedenfalls war der Neuanfang nicht einfach. Aber ich bin bis heute begeistert und habe viel dabei gelernt. Viele Texte der Bibel sind für mich reicher geworden. Heute sind Bibelgespräche in allen Gemeinschaften üblich.

Es sollte ein pastorales Konzil sein, Welt und Menschen in den Blick nehmen. Bis heute bereitet die Umsetzung größte Schwierigkeiten. Was geschieht, wenn alle Getauften Mitarbeiter/innen im Reiche Gottes auf Erden werden, Männer und Frauen? Wie das sein kann, erlebte ich in Afrika. Dort konnten die Katechisten, wir Schwestern, mit den Leuten Gottesdienst feiern. Es wurde bunter, farbenfroher und lebendiger.
In Deutschland meldeten sich engagierte Gläubige zu Wort und wollten das religiöse Leben mitgestalten. Es wurde ungemein lebendig in der Kirche. Viele gute neue Ideen wurden geboren und ein großes Engagement war zu spüren.
Dogmatisch und kirchenrechtlich ausgerichtet war die Kirche schon lange, ebenso hierarchisch, auch die religiösen Gemeinschaften. Wir nahmen uns unsere Konstitutionen vor und überlegten z. B. neu, wie ein partnerschaftliches Zusammenleben in unseren Gemeinschaften gelingen kann. Wir hatten viele kleine Gemeinschaften mit nur drei Schwestern, die ihre Aufgaben mitten im Leben erfüllen. Wir fragten uns: Brauchen wir in jeder dieser kleinen Gruppen eine Oberin? Wir sind doch engagierte Ordensfrauen, wir kennen unsere Verpflichtungen und unsere Aufgaben. Probleme können wir in der Gemeinschaft besprechen. Da braucht unter uns doch jetzt keine zu sagen, wo es lang geht. Es war eine ungemeine Aufbruchsstimmung zu spüren, so dass einige von uns Schwestern Angst bekamen. Sie wollten unbedingt in eine Gemeinschaft mit einer Oberin, die ihnen genau sagte, was sie zu tun und zu lassen haben. Wenn dann etwas schief ging, hatte es die Oberin zu verantworten. Ängste waren zu meistern, das eigene Gewissen galt es zu schulen und zu stärken. Der hl. Franziskus sagt: „Zuerst kommt Gott, dann der Papst". Der Gehorsam darf kein blinder Gehorsam werden. Auch im Kloster hat jede Verantwortung zu übernehmen! Einige Schwestern traten aus. Ich war sehr erstaunt, dass es viele von den ganz Frommen waren. Einige wurden „zu modern". Mit ihnen kamen Oberinnen nicht mehr zurecht.

Wir fragten uns nach den alten Hüten, die wir mit uns herumschleppten. Als solchen verstanden wir auch unsere Tracht. Wer läuft denn heute noch in den Klamotten der Urgroßmütter herum? Niemand! Aber wir! Unsere Tracht stammte aus Nordafrika, dem Gründungssitz. Der Gründer hatte die Missionsschwestern gegründet, weil er bald einsah, dass er ohne Frauen den Kontinent nicht für Christus gewinnen konnte. Die Patres kamen in Nordafrika mit den Frauen nicht ins Gespräch, obwohl die Frauen für die Kindererziehung zuständig waren und für die Prägung der nächsten Generation.
Wir Schwestern sollten mit den Frauen in Nordafrika ins Gespräch kommen. Wie sie sollten wir auf dem Feld arbeiten und wie sie angezogen sein. Nur trugen wir keine Mundschleier. Wir trugen an einem Band ein Kreuz am Hals und einen langen Rosenkranz am Gürtel. Aber aus der Ferne waren wir nicht von ihnen zu unterscheiden. Im Gespräch mit ihnen erfuhren wir von ihrem Leben und suchten gemeinsam nach Auswegen, wenn es Probleme gab. Wir gründeten Werkstätten usw. Ganz sicher war die Kleidung in der damaligen Zeit ein wichtiges Mittel.
Aber inzwischen, 100 Jahre später, waren wir in ganz Afrika, Amerika und Europa tätig. Hier fielen wir als „Exotinnen" auf. Die französischen Schwestern, die an der Sorbonne studierten, hatten einen Sonderstatus, weil sie glaubten, in Zivil besser von den Mitstudenten/innen akzeptiert zu werden. Uns war bewusst, dass kaum noch jemand dieses Zeichen erkannte und als Zeugnis verstand. Im Gegenteil, man ging uns aus dem Weg. Im Zug konnten wir leicht im Abteil allein bleiben. Oder, wenn uns jemand erkannt hatte, meinte sie oder er, zu besonders frommen Gesprächen verpflichtet zu sein.

Endlich wurde damit begonnen, die Liturgiereform umzusetzen. Wenn alle Gläubigen die Glaubensinhalte besser verstehen sollten, dann musste die Heilige Messe auch in der Sprache des Volkes sein. Ich selber erschrak im ersten Moment. Der Gottesdienst in lateinischer Sprache, das war doch toll. In der ganzen Welt fühlte ich mich zu Hause, wenn ich im Gottesdienst war, egal in welches Land ich kam und an der Heilige Messe teilnahm. Ich konnte das Lateinische hören und zum Teil verstehen. Sehr bald fand ich diesen Gedanken nachrangig zu dem ungeheuren Vorteil, die Heilige Messe in der Landessprache feiern und gestalten zu können. Der Priester fing an, die Sprache des Volks zu sprechen, den Gläubigen zugewandt. Und der Altar rückte in die Mitte aller.

Das Zweite Vatikanische Konzil hat wunderbare Reformen und Anstöße gegeben, die zu meinem allergrößten Bedauern nicht weiterentwickelt werden. „Gott kann aus diesen Steinen Kinder Gottes machen", hat Jesus zu seinen Jüngern gesagt. Wenn die katholische Kirche versteinert bleibt, wird Gott Wege finden, den Menschen zu helfen.

Heute tut es mir sehr leid, dass das alte dogmatisch zementierte Denken wieder die Oberhand zu gewinnen scheint. Vielen Menschen ist es eigen, nach „Sicherheiten" zu suchen. Der schöpferische Geist Gottes verlangt eher Aufbruch und Wagnis.

Alois Baumgartner

Kirchlich sozialisiert in der Zeit des Konzils

Wenn ich mir Rechenschaft zu geben versuche, inwieweit ich vom Geschehen des Zweiten Vatikanischen Konzils innerhalb der etwa drei Jahre zwischen Oktober 1962 und Dezember 1965 erfasst und vielleicht auch geprägt wurde, zögere ich mit einer schnellen Antwort aus zwei Gründen.

Zum einen verbinde ich den Aufbruch der Kirche, die Erfahrung ihrer „ökumenischen" Weite und das Erlebnis der weltumspannenden Katholizität in ihrer kulturell vielfältigen Gestalt nicht zuerst mit dem Konzil, sondern mit dem Münchner Eucharistischen Weltkongress in den Sommertagen des Jahres 1960. Die *statio orbis* und die lebendige Teilhabe an der eucharistischen Gemeinschaft war für mich und viele meiner Generation schon eine Anbahnung dessen, was sich später im Konzil verdichten sollte. Kein Tag, an dem ich als damals angehender Abiturient nicht den morgendlichen Sonderzug von Mühldorf nach München bestiegen hätte, um spät abends erschöpft, aber Kopf und Herz voller Eindrücke zurückgefahren wäre.

Zum anderen waren die Konzilsjahre zugleich die Jahre meines theologischen Hauptstudiums, zunächst an der Universität Münster, dann an der Philosophisch-Theologischen Hochschule auf dem Freisinger Domberg. Wir wuchsen ganz selbstverständlich in die konziliare Theologie hinein. Wir hatten anderes nicht gehört und hatten von daher weder ein Problem, uns auf das theologisch Neue einzulassen, noch einen Bedarf an Korrektur. Natürlich wurden wir immer wieder Zeugen des Ringens in Rom. Wir waren vom Konzil geprägt, ohne es bewusst wahrzunehmen.

Für den damaligen Theologen war das Konzil allgegenwärtig. Als ich mich im Herbst 1963 an der Katholisch-Theologischen Fakultät der Universität Münster einschrieb, fehlten zwei namhafte Professoren. Sie weilten in Rom: der Liturgiewissenschaftler Emil Lengeling als so genannter Peritus des Konzils und der Dogmatiker Joseph Ratzinger, den der Kölner Kardinal Josef Frings sich als

Konzilsberater an seine Seite geholt hatte. In Freising studierten wir bei den damals jungen Professoren Josef Finkenzeller (Dogmatik), Johannes Gründel (Moraltheologie), Josef Schmitz (Fundamentaltheologie) sowie bei dem Liturgiker Rupert Berger. Sie bewegten sich nicht in den ausgetretenen Pfaden ihrer Disziplinen. Wir erlebten sie als Lehrende und zugleich Lernende, die von den theologischen Ansätzen des Konzils erfasst wurden.
Kardinal Döpfner kam in jeder Sitzungspause des Zweiten Vatikanischen Konzils nach Freising und ließ uns teilnehmen an der Dramatik und auch an der Dramaturgie der Kirchenversammlung. Wir gewannen in Döpfner das Bild eines Konzilsvaters, der – obwohl selbst einer der großen Gestalter des Vatikanums – in die Schule des Konzils ging. Leidenschaftlich und manchmal fast beschwörend klangen seine Ansprachen, aus Sorge, das Konzil könnte in der Routine des Priesterseminars an uns jungen Theologen irgendwie vorbeigehen. Heute denke ich, dass seine Sorge unberechtigt war. Wir hörten eine biblisch fundierte Dogmatik. Wir lasen nicht nur die Liturgische Konstitution, sondern wir feierten die „neue“ Liturgie im Dom und im Priesterseminar. Wir hatten alle Chancen, uns auf die historisch-kritische Exegese einzulassen, und doch den wichtigen Schritt zu einer differenzierten biblischen Theologie weiterzugehen.

Wenn heute gelegentlich sehr kontrovers über den „Geist des Konzils“ gesprochen wird, so meine ich rückblickend, dass unsere theologischen Diskussionen sehr wohl davon geprägt waren. Die Hauptseminare an der Hochschule ließen den Geist der Dialogbereitschaft und der Offenheit spüren. Die Grundstimmung war nicht defensiv und nicht von apologetisch-abwehrbereiter Attitüde. Ich erinnere mich an die Neugierde, mit der ich Ernst Blochs „Prinzip Hoffnung“ und Helmut Thielickes „Theologische Ethik“ in die Hand nahm, um in den Hauptseminaren darüber zu referieren. Als besonders nachhaltig bleibt mir ein dogmatisches Hauptseminar bei Josef Finkenzeller über das konziliare Kirchenverständnis in Erinnerung. Es war unmittelbar nach der Promulgation von „Lumen Gentium“. Das Thema, das ich zu bearbeiten hatte, lautete: „Die *eine* Kirche und die vielen Kirchen.“ Das Konzil hatte den christlichen Gemeinschaften der orthodoxen und reformatorischen Tradition Kirchlichkeit zuerkannt, indem es von Kirchen und kirchlichen Gemeinschaften sprach. Der Akzent lag dabei nicht auf einer minimalistischen Auslegung, welchen der Gemeinschaften das Attribut Kirche im eigentlichen Sinn zukomme und welchen nicht. Der Akzent lag vielmehr darauf, wie das gemeinsame kirchliche Wirken, in dem sich die Sendung Jesu fortsetzt, trotz institutioneller Trennung zu verstehen und zu leben sei.

Der konziliare Grundgedanke, Kirche als Gemeinschaft zu verstehen, der alle Getauften angehören und an deren Sendung alle teilnehmen, ist mir in seiner fundamentalen Bedeutung vor allem in den Jahren nach meinem Studium deutlich geworden, als ich beruflich und ehrenamtlich mit der katholischen Laienarbeit in Berührung kam. Dass die Kirche von allen ihren Mitgliedern getragen wird, und dass alle verantwortlich sind für ihre Sendung, musste die Teilung der Kirche in Klerus und Laien überwinden. Dass alle berufen sind, an ihrem Platz und mit ihren Möglichkeiten die Hoffnung, die von Christus ausgeht, zu bezeugen, musste die Fesseln einer selbstgenügsamen Kirche sprengen. Die Partizipation auf allen Ebenen – in der Kollegialität der Bischöfe und Priester und in der Mitverantwortung der Laien – ist ein Vermächtnis des Konzils. Nach seinem Verständnis ist die Sendung des Bischofs, des Priesters, der Ordensleute und der Laien keineswegs eine von oben nach unten delegierte Sendung. Sie geht von Christus selbst aus. Sie begründet deshalb eine je eigene, nicht delegierbare Verantwortung. Es genügt nicht, den Ruf nach Demokratie in der Kirche als ihrem Wesen nicht gemäß zurückzuweisen. Sondern es muss positiv eine Besinnung auf effektive Kollegialität und Partizipation einsetzen. Der Status quo bleibt weit hinter dem Konzil zurück. Eine Weiterentwicklung halte ich für dringend erforderlich.

Walter Bayerlein

Ich begann, auf meine Kirche richtig stolz zu sein

Als ich die ersten Kommentare von Pater Mario von Galli SJ am Radio hörte, war ich erstaunt und angenehm überrascht. Ich hatte damals schon viele Jahre ehrenamtlich in München als „Stadtkreisführer München Nordost" in der katholischen Jugend gearbeitet. Während des Eucharistischen Weltkongresses 1960 in München war ich Mitglied der Stadtführung des Bundes der Deutschen Katholischen Jugend (BDKJ). Die Kirche erschien mir damals zu starr und unnahbar in vielen Fragen, die den Jugendlichen wichtig waren.
Zwar hatte der päpstliche Delegat Kardinal Testa während des Eucharistischen Weltkongresses dem Vatikan ein sehr warmherziges, gütiges Gesicht gegeben. Aber das blieb ein kurzer Vorfrühling. Das ähnlich gütige Wesen von Papst Johannes XXIII. war noch nicht so recht „über die Alpen" gekommen, zumal er allenthalben als alter Übergangspapst gekennzeichnet worden war.
Natürlich hatte ich von der Einberufung eines Konzils gehört. Ich hatte damit aber wenig Hoffnung verbunden. Ich erwartete vielmehr neue strikte Einschärfungen längst problematisch gewordener vatikanischer Positionen.
Und dann die Überraschung: In der Versammlung gab es aufmüpfige Kardinäle, kuriale Vorlagen wurden nicht akzeptiert, das Konzil entwickelte Selbstbewusstsein. Es gab Unheilspropheten, aber sie gerieten in die Minderheit. Und der Papst hielt sich klug zurück. Den aufregenden Neuigkeitswert solcher Nachrichten kann man aus heutiger Sicht kaum noch nachvollziehen. Unbeweglich Scheinendes begann sich zu bewegen. Die betonierte Negativsicht auf die böse Welt und die von Gott abgewandten Mitmenschen verwandelte sich zur zwar kritischen, aber grundsätzlich positiv gesehenen Zeitgenossenschaft mit allen Menschen überall auf der Welt.
Plötzlich war von den Christen anderer Konfessionen als „getrennten Brüdern" die Rede. Das Wort von der Freiheit klang nicht mehr beängstigend, sondern ermutigend.

Die sachlichen Kommentare von Pater Mario von Galli SJ mit seinem anheimelnden schweizerischen Akzent wurden mir eine ständige wichtige Informationsquelle.
Ein überzeugter Christ war ich schon. Aber mit meiner Kirche hatte ich immer wieder Schwierigkeiten gehabt. Nun begann ich, auf meine Kirche richtig stolz zu sein.
Was während meiner Zeit der aktiven Jugendarbeit charismatisch begabte, glaubwürdige Jugendseelsorger wie Kurat Richard Lippold oder Kurat Alfons Wimmer – oft genug unter den argwöhnischen Augen ihrer Obrigkeit – vertreten hatten, nämlich die Freiheit des Christen, die Bedeutung des eigenen Gewissens, zeitgemäße Formen der Beteiligung an der Liturgie, die eigenständige Lektüre und Betrachtung der Bibel, all das war plötzlich in Rom unter den versammelten Bischöfen der ganzen Welt gewissermaßen salonfähig geworden.
Im weiteren Verlauf wurde auch von Intrigen der Minderheit berichtet, von Krisen der Versammlung. Auch von schwer verständlichen Interventionen von Kardinal Ottaviani und anderen einflussreichen Kurienkardinälen war die Rede. Das hat mich damals aber in meiner Hoffnung nicht verunsichert. Ich glaubte darin vielmehr natürliche Begleiterscheinungen ernsthafter Auseinandersetzung zu erkennen. Letztlich war ich auch insoweit stolz auf meine Kirche, wenn ich erfuhr, wie das Konzil solche Krisen meisterte.

Die erste konkrete Auswirkung des Konzils in meiner Pfarrei war die erste Wahl eines Pfarrgemeinderats. Die Gewählten waren zwar meist, wie ich auch, die vorher vom Pfarrer berufenen Mitglieder des sog. Pfarrausschusses. Aber das Mandat der Gemeinde war eine veränderte Grundlage der Arbeit. Bald darauf wurde ich Vorsitzender des Dekanatsrats München-Trudering und damit Mitglied des Diözesanrats. Gemeinsam mit Toni Böck, Ludwig Lillig und anderen erarbeitete ich die erste Satzung dieses Gremiums, dessen Vorstand ich dann bis 2005 angehört habe. Die konziliare Neuentdeckung der Verantwortung der Laien für den Weg der Kirche hat in meinem Leben also deutliche Spuren hinterlassen. Ich empfinde es bis heute als motivierend, dass das Konzil die tragende Rolle der nicht geweihten Frauen und Männer (Laien) als für die Kirche konstitutiv betont hat. Nicht länger sind sie der weisungsabhängige „verlängerte Arm" des kirchlichen Amtes, sondern sie sind, wie das Konzil sagt, „vom Herrn selbst" in Taufe und Firmung bestellt zum Aufbau von Kirche und Welt (Lumen Gentium Nr. 33). Ihr Dienst ist einzeln und gemeinsam so eigenständig und wesenhaft für die Kirche wie der Dienst der geweihten Priester. Damit bekam die Glaubens- und Lebenserfahrung von nicht geweihten Frauen und Männern in der Lehre der Kirche endlich das Gewicht, das ihrer Würde als mündiger Christen entspricht. In selbstverständliche kirchliche Praxis umgesetzt ist das allerdings noch lange nicht. Insbesondere finden, aus meiner Sicht, Frauen bisher in unserer Kirche – trotz vieler Fortschritte – immer noch nicht den ihnen zukommenden Ort.

In den 20 Jahren, die ich Vizepräsident des Zentralkomitees der deutschen Katholiken (ZdK) war, hatte ich reichlich Gelegenheit, mich immer wieder mit den Konzilsbeschlüssen zu beschäftigen. Auch wenn man in manchen Formulierungen den hart erarbeiteten Kompromiss erkennt, so bleibt insgesamt als Frucht ein sehr sympathisches Bild von Kirche: Sie ist nicht mehr das abweisende Gegenüber einer als durch und durch böse geltenden Welt, sondern sie lebt als Volk Gottes mitten in der Welt als anteilnehmender Teil von ihr, als Protagonistin für Freiheit, Gerechtigkeit und Frieden.

Entscheidend für mein Leben war dann auch die Würzburger Synode, deren vom Wahlgremium der Erzdiözese München und Freising gewähltes Mitglied ich war. Dort ging es gerade darum, die Beschlüsse des Konzils „einzudeutschen". Noch wichtiger als einzelne Sätze in Dokumenten war der Lernprozess während der fünf Jahre der Synode: Es gab keine festen Fraktionen, auch die Bischofskonferenz war das nicht. Das offene, freimütige, aber nicht verletzende Wort hatte Konjunktur. Man kämpfte mit großem Ernst, aber auch mit Humor zur rechten Zeit um Aussagen und Formulierungen, aber nicht nach der Schlachtordnung „Oben" und „Unten", sondern argumentativ ohne Ansehen der Person. Der Ausgang der Abstimmungen blieb immer spannend.

Im Lauf der Jahre sind mir einige Sätze des Konzils besonders wichtig geworden: In der Kirchenkonstitution heißt es, dass die Laien „vom Herrn selbst durch Taufe und Firmung zum Dienst in Kirche und Welt berufen" sind (Lumen Gentium Nr. 33). Der Christ handelt also eigenverantwortlich „i. A. Christi" und nicht „i. A. Pfarramt oder Ordinariat". Das ist nicht nur befreiend, sondern auch eine verpflichtende Aufgabe. Wenn wir an der Stelle, an die wir gestellt sind, diesen Auftrag nicht wahrnehmen, dann fehlt unser Beitrag der Gesellschaft und den Menschen. „Kirche und Welt" in diesem Satz bedeutet, dass Laien sich nicht aus ihren gesellschaftlichen Aufgabenfeldern zurückziehen dürfen, aber auch, dass

innerkirchliche Problemfelder für sie nicht tabu sind. Kirche und Welt sind keine getrennten Reviere, sondern sie durchdringen sich wechselseitig.
Ein zweiter Text ist mir Programm geworden, nämlich Nr. 37 der Kirchenkonstitution, wo von der Pflicht der Laien die Rede ist, ihre Meinung, was dem Wohl der Kirche dient, mit Mut und Klugheit offen zu äußern, und von der Pflicht der Hirten, den Laien Freiheit und Raum zum Handeln zu lassen, deren klugen Rat zu nutzen und Unternehmungen, Meinungen und Wünsche, die von Laien vorgelegt werden, aufmerksam in Christus in Erwägung zu ziehen (vgl. Lumen Gentium Nr. 37).
Noch heute teile ich die Überzeugung, die das Konzil an dieser Stelle ausgesprochen hat: „Aus diesem vertrauten Umgang zwischen Laien und Hirten kann man viel Gutes für die Kirche erwarten (…)."
Die Konzilsaussagen in Lumen Gentium Nr. 37, die frei von jeder Ängstlichkeit sind, wären auch heute ein vielversprechendes Programm für den gegenwärtigen innerkirchlichen Dialogprozess in Deutschland.

Hubert Brosseder

Erinnerungen aus einem Münchner Pfarrhaus

Zwei Jahre nach Konzilsende kam ich zum Weiterstudium am Institut für Katechetik und Homiletik nach München. Wohnen konnte ich glücklicherweise im Pfarrhaus von St. Lantpert. Ende der 1950er Jahre war diese Pfarrei errichtet und eine neue Kirche gebaut worden. Ihr erster Pfarrer, Georg Graßl, gehörte zu den wenigen Münchner Pfarrern, die nach dem Konzil für die Gestaltung der Liturgie keinerlei baulichen Veränderungen im Altarraum vorzunehmen brauchten. Denn der Tabernakel war bereits an der Seite, der Priester- und Ministrantensitz an der Rückwand des Chores und anstelle der Kanzel hatte der Ambo im Altarraum bereits seinen festen Platz. Zelebrieren konnte der Priester sowohl vor als auch hinter dem Altar stehend.
Georg Graßl war ein Seelsorger, der sich ganz vom Konzil und seiner pastoralen Ausrichtung leiten ließ. Seine leise und besonnene Art, mit der er an die Dinge heranzugehen pflegte, aber auch sein unbestechlicher Blick für das Machbare standen gelegentlich manchem „Spleen" kritisch gegenüber, den wir junge Theologen ruckartig in die Tat umsetzen wollten. Ich erinnere mich an heftige Diskussionen, wenn der Pfarrer fast allabendlich die Hausgemeinschaft aus seinem Weinkeller gastlich bewirtete. Oft waren es bis zu einem Dutzend Gäste im Wohnzimmer des Pfarrhauses, nicht nur Haushälterin, Sekretärin, Kapläne und Studierende, sondern auch das Mesnerehepaar und weitere Freundinnen und Freunde des Hauses.
Ein ganz besonderes pastorales Augenmerk hatte Pfarrer Graßl für die jungen Familien, die in großer Zahl in das Neubaugebiet der Pfarrei gezogen waren. Wenn ich mich nicht täusche, hatte der Pfarrer mehr als ein halbes Dutzend Familienkreise ins Leben gerufen. Und in jedem kamen vier bis fünf Ehepaare ca. alle zwei Monate zusammen. Wir jungen Theologen wurden in diese Arbeit miteinbezogen. So konnte ich in diesen Jahren meine ersten Erfahrungen in der Erwachsenenbildung machen. Neben den biblischen Themen war es vor allem

der „Holländische Katechismus“, für den sich die jungen Familien interessierten. Themen hatten wir genug, weil aus unserer Sicht nahezu „alles“ auf „neue Weise“ gesagt und erklärt werden musste. Das herrliche Gefühl, endlich von der neuscholastischen Dogmatik befreit zu sein, beflügelte unser Engagement in diesen Gesprächsrunden. Begierig lasen wir neue theologische „Grundlagen“-Literatur, z. B. Bernhard Härings „Gesetz Christi“, von Heinrich Fries „Aspekte der Kirche“, Hans Küngs „Konzil und Wiedervereinigung“, Joseph Ratzingers „Ergebnisse und Probleme der dritten Konzilsperiode“, worin er z. B. das Latein der traditionellen Liturgie als „archäologisiert“ bezeichnete. Um Karl Rahners Bücher haben wir meist einen respektvollen Bogen gemacht, weil der Mann oft so schwer zu verstehen war.

Zugegeben: In unserem jugendlichen Optimismus wechselten wir sehr rasch das Gepäck in unserem theologischen Rucksack. Manchmal ähnelte das Gespräch in den Familienkreisen ein wenig dem biblischen Motto: „Die Alten haben euch gesagt – ich aber sage euch!“ Und dennoch: Auch nach fast 50 Jahren kann ich mit gutem Gewissen sagen, dass uns jungen Theologen damals nicht an der „Zerstörung“, sondern an einem „neuen Leben“ der Kirche gelegen war. Ich erwähne das, weil ich die bösartigen Unterstellungen derer kenne, die das gesamte Konzil für eine Fehlentwicklung der Kirche halten.

Einige meiner damaligen Vorträge habe ich aufbewahrt und sie für diesen Erinnerungstext nochmals angeschaut. Einer hatte das Thema „Ist mit dem Tod alles aus?“ Heute nehme ich bei der Lektüre staunend wahr, dass ich aus dem Faktum, dass theologisch „alles in Fluss geraten“ war, mit einer Fluss-Besinnung begonnen hatte: Ein Fluss verändere sein Wasser dauernd, weil Nebenflüsse hinzukommen, Abwässer hineingeraten und die Gesteinsbeschaffenheit stets unterschiedlich sei. Aber der Rhein sei beispielsweise immer und überall der Rhein, von der Quelle bis zur Mündung. Und er bleibe es, solange er von immer der gleichen Quelle gespeist werde. Der Vortrag endete damals damit, dass wir bei dem gestellten Thema nicht neugieriges Wissen befriedigt bekommen, sondern in uns die Hoffnung auf den Gott des Lebens gestärkt werden soll.

Ja, ich bin froh, in dieser ersten spannenden nachkonziliaren Zeit meine Arbeit als Theologe begonnen und mein Leben in der menschlich so angenehmen Atmosphäre des Pfarrhauses von St. Lantpert genossen zu haben.

Gotthard und Johanna Dobmeier

Kirche in der Gesellschaft und Gesellschaft in der Kirche

Fünf Jahre nach Ende des Zweiten Vatikanischen Konzils und kurz vor Beginn der Gemeinsamen Synode der Bistümer in der Bundesrepublik Deutschland (Würzburger Synode) haben wir 1970 als Diözesanvorsitzende des Bundes der Deutschen Katholischen Jugend (BDKJ) unsere Tätigkeit in der kirchlichen Jugendarbeit der Erzdiözese München und Freising begonnen.

Die wenigsten Jugendlichen kannten Texte des Konzils und wussten etwas über ihre Inhalte, auch die Würzburger Synode war wenig präsent. Eine Erfahrung machten wir aber schnell: Viele Jugendliche, die zu Tagungen und Kursen in die diözesanen Jugendhäuser kamen, brachten aus ihren Gemeinden – gewiss noch in sehr unterschiedlicher Weise – die Erfahrung mit, dass bei den Gottesdiensten nach dem Konzil statt des bisherigen Latein die deutsche Sprache verwendet wurde und dass jetzt nicht nur der Priester die Texte des Gottesdienstes vortrug, sondern Lesung, Fürbitten oder Meditation auch von Gemeindemitgliedern gesprochen wurden. In manchen Gemeinden geschah dies nur sehr anfanghaft, nicht jeder Pfarrer konnte und wollte sich gleich ganz umstellen.

Die Konstitution über die Heilige Liturgie, dem ersten beim Konzil verabschiedeten Dokument, ermöglichte den Gebrauch der Muttersprache beim Gottesdienst und eine stärkere Teilnahme des ganzen Volkes Gottes. Dies wollten die Jugendlichen bei Gottesdiensten verwirklichen und erleben. So waren die Gottesdienstvorbereitungen ganz wesentlich. Sie dauerten oft mehrere Stunden: In Gruppen wurden Texte zur Bußbesinnung, zu den Fürbitten, für Meditationen erarbeitet. Die Texte der Lesungen und des Evangeliums wurden diskutiert, ob sie die Jugendlichen ansprechen, „ihnen etwas sagen“, wie formuliert wurde. Anstelle der Lesungen aus dem Alten Testament und dem Neuen Testament wurde häufig nach Geschichten und Erzählungen aus dem Lebensumfeld der Jugendlichen gesucht.

Aus der Begeisterung für das Mitgestalten der Gottesdienste heraus gingen

gewiss manche Vorschläge zu weit. Wir erinnern uns deshalb an so manche kontroverse und schwierige Diskussionen bis tief in die Nacht.
Die Gottesdienste sollten jugendgemäß sein, sie sollten aber auch so gestaltet sein, dass die Jugendlichen Anregungen für die Gestaltung der Gottesdienste in ihren Pfarrgemeinden mitnehmen konnten. So sind wir überzeugt, dass von den Gottesdiensten, die die Jugendlichen sehr intensiv bei Tagungen und Kursen mit vorbereitet haben, viele bereichernde Impulse ausgegangen sind.

Als Verantwortliche des BDKJ hat uns unter den Dokumenten des Konzils vor allem die pastorale Konstitution über die Kirche in der Welt von heute „Gaudium et Spes" fasziniert und unsere Arbeit mitbestimmt. Zwei Textstellen waren uns besonders wichtig:
„Freude und Hoffnung, Trauer und Angst der Menschen von heute, besonders der Armen und Bedrängten aller Art, sind auch Freude und Hoffnung, Trauer und Angst der Jünger Christi" (Gaudium et Spes Nr. 1).
„Zur Erfüllung ihres Auftrags obliegt der Kirche allzeit die Pflicht, nach den Zeichen der Zeit zu forschen und sie im Licht des Evangeliums zu deuten" (Gaudium et Spes Nr. 4).
Auf diesem Hintergrund erarbeiteten wir mit den Jugendlichen Möglichkeiten, wie sie sich in den Gemeinden über den kirchlichen Bereich hinaus auch gesellschaftspolitisch einbringen konnten. Der BDKJ und seine Mitgliedsverbände sollten, wie es die Würzburger Synode formuliert, Kirche in der Gesellschaft und Gesellschaft in der Kirche sein. So standen bei den Versammlungen des BDKJ und seiner Mitgliedsverbände immer auch Beschlüsse zu gesellschaftlichen Fragen auf der Tagesordnung. Nicht immer fanden sie jedoch Zustimmung in kirchlichen Kreisen oder bei politischen Parteien, hier oft ganz unterschiedlich je nach Partei. Uns war es wichtig, dass die Jugendlichen in den kirchlichen Jugendverbänden lernen, ihre Interessen und Anliegen zu artikulieren und sie entsprechend einzubringen.

Die Erfahrungen der intensiven Gottesdienstvorbereitungen in der Jugendarbeit und der entsprechenden Gottesdienstfeiern begleiten uns bis heute. Wir haben uns immer in unserer Pfarrgemeinde eingesetzt für eine lebendige Gottesdienstgestaltung, d. h. eine Beteiligung der ganzen Gemeinde, je nach den Fähigkeiten der Einzelnen. Ganz persönlich bis heute als Lektorin und Wortgottesdienstleiterin, als Organist und Chorleiter.

Unser Anliegen ist es, dass unsere Pfarrgemeinde Kreativität und Lebensnähe in die Gestaltung der Gottesdienste einbringt.
Für meine Arbeit als diözesaner Umweltbeauftragter war es wichtig, nach den Zeichen der Zeit im Umweltbereich zu forschen – und da gab und gibt es viele – und zu versuchen, eine grundsätzliche Antwort zu finden auf dem Hintergrund der christlichen Botschaft, in deren Mittelpunkt der Glaube an Gott, den Freund allen Lebens, steht.

Gräfin Elisabeth Dohna

„Wo ist Eure Begeisterung geblieben?" (Gal 4,15)

Meine ersten Erinnerungen an die Bewegung, die das Konzil auslöste, waren Diskussionen innerhalb meiner Familie über die Liturgiereform. Meine Mutter ging bald nach der Gründung der Pfarrei St. Laurentius dort zum Sonntagsgottesdienst und freute sich über die Heilige Messe in deutscher Sprache und die Versammlung der Gemeinde um den Volksaltar. Mein Vater liebte den gregorianischen Choral oder stille Messen und litt unter der „Unruhe", die in die neu gestalteten Messen hineinkam. Das Ergebnis für uns sieben Kinder war, dass wir die unterschiedlichen Formen der Nachfolge erlebten. Wir selbst konnten entscheiden, wohin wir zur Messe gehen wollten, ohne dass bewertet wurde, welche Form die bessere ist. Erst sehr viel später erkannte ich, wie wichtig die Bindung an die eigene Pfarrgemeinde ist, die sich mit dem größeren Engagement der Laien entwickelt hat.

Als ich mich vor über 30 Jahren vergeblich bemühte, für meine Gemeinde einen Geistlichen zu finden, der uns Besinnungstage hält, wurde mir gesagt: „Lassen Sie sich selbst dazu ausbilden, Einkehrtage zu halten". Und man gab mir Adressen, wo ich mich dafür anmelden könnte.
Diese Aufforderung beunruhigte mich so lange, bis ich ihr nachgegeben habe. Da ich früher nur erlebt hatte, dass Priester Einkehrtage hielten, fühlte ich mich anfangs unsicher.
So leitete ich die Tage immer wieder mit dem Satz aus den Konzilstexten über das Laienapostolat ein: „Allen Christen ist die ehrenvolle Last auferlegt, mitzuwirken, dass die göttliche Heilsbotschaft überall auf Erden von allen Menschen erkannt und angenommen wird" (Apostolicam Actuositatem Nr. 4). Warum ich ohne theologischem Studium und ohne besondere Weihe vor der Gruppe stehe und rede, versuchte ich zu erklären mit den Worten: „Alle Christen, wirklich alle, haben den Auftrag, über das zu sprechen, was sie trägt und bewegt."

Nach einer Weihnachtsfeier im Sozialdienst katholischer Frauen (SkF) sagte mir vor Jahren eine junge Mitarbeiterin: „Heute ist mir zum ersten Mal klar geworden, was Weihnachten bedeutet", ja „überall" ist es möglich, die „Heilsbotschaft" zu verkünden, wenn man die „ehrenvolle Last" auf sich nimmt, „mitzuwirken". Eine Situation während der Ausbildung ist mir noch so deutlich in Erinnerung, als wäre sie gestern geschehen. Wir hatten das Thema: „Wie verhalte ich mich, wenn ich mit dem Pfarrer Schwierigkeiten habe?" Nachdem einige Vorschläge in der Gruppe diskutiert wurden, sagte ich, dass ich mir angewöhnt hätte, in Zeiten von Auseinandersetzungen das erste Gebet nach dem Empfang der Kommunion für den Pfarrer zu sprechen. Darauf kam die Antwort des Geistlichen, der an dem Tag die Leitung der Ausbildung hatte: „arg vorkonziliar!" Ich hatte noch eine schriftliche Auseinandersetzung mit ihm, indem ich ihm erklärte, dass ich in keinem der Konzilstexte je gelesen hätte, dass das Gebet abgeschafft worden sei. Und immer wieder, wenn die Diskussionen in unserer Kirche heftig werden, steigt in mir die Erinnerung an dies „arg vorkonziliar" auf; und die Frage wird laut: Warum binden wir den Herrn nicht mehr in unsere Nöte ein?

Da ich mit einem Protestanten verheiratet bin, sind mir die Konzilstexte sehr wichtig, in denen betont wird, dass Christus nicht nur in der Eucharistie gegenwärtig ist, sondern auch im Wort. „Gegenwärtig ist er in seinem Wort, da er selbst spricht, wenn die Heiligen Schriften in der Kirche gelesen werden" (Sacrosanctum Concilium Nr. 7). „Von größtem Gewicht für die Liturgiefeier ist die Heilige Schrift (...). Um daher Erneuerung, Fortschritt und Anpassung der heiligen Liturgie voranzutreiben, muß jenes innige und lebendige Ergriffensein von der Heiligen Schrift gefördert werden" (Sacrosanctum Concilium Nr. 24). Genau dieses „innige und lebendige Ergriffensein" habe ich in meiner protestantischen Verwandtschaft und in der evangelischen Kirche erleben dürfen, zu einer Zeit, da Bibelgespräche in der katholischen Kirche noch nicht so häufig waren. Ich habe gelernt, was es heißt, eine lebendige Beziehung zur Bibel zu haben, und dies nicht nur in der katholischen Kirche.

„Die Kirche hat die Heiligen Schriften immer verehrt, wie den Herrenleib selbst" (Dei Verbum Nr. 21). „Man darf neuen Antrieb für das geistliche Leben erhoffen aus der gesteigerten Verehrung des Wortes Gottes" (Dei Verbum Nr. 26). Die zahlreichen Gruppen in den Pfarreien, die sich heute mit Bibelauslegungen beschäftigen, sind der Ort der gelebten, lebendigen Ökumene, für die ich von

Herzen dankbar bin. Wir sind fähig, gemeinsam auf das Wort Gottes zu hören, darüber zu reden und miteinander im Gebet zu antworten.
In verschiedenen Gruppen der „Exerzitien im Alltag“ habe ich das Miteinander von evangelischen und katholischen Christen sehr erfreulich erleben dürfen. So gebe ich meine Hoffnung nicht auf, dass nicht nur in der „Verehrung des Wortes Gottes“ die gemeinsame Beziehung zu Gott gelebt werden kann, sondern dass wir eines Tages auch mit unseren evangelischen Ehepartnern, Verwandten und Freunden gemeinsam den Leib des Herrn empfangen dürfen.

Von all den Informationen, die ich in den vergangenen Wochen anlässlich des Konziljubiläums gelesen habe, hat mich der „Katakombenpakt“ am meisten beeindruckt – eine Erklärung von Bischöfen, die am Konzil teilgenommen haben, 1965 formuliert und von ca. 500 Bischöfen unterschrieben. Es ist ein faszinierender Aufruf, „in Armut, ohne gesellschaftliche Bedeutung und Macht“ zu leben.
Kurz nachdem ich darüber nachdachte, wie weit entfernt ich von dieser Lebenshaltung bin, hat uns eine kleine Schwester von Charles de Foucauld eingeladen, in ihrer Gemeinschaft das Pfingstfest im Hasenbergl zusammen mit einigen Bewohnern zu feiern. Dies war ein Geschenk, denn dort durften wir erleben, wie Schwestern der Gemeinschaft die vielen Bibelstellen verinnerlicht haben, die uns zu einem Leben in Armut und mit den Armen aufrufen. Es gibt sie auch unter uns: Christen, die den Weg gehen, so wie Jesus uns auffordert, aufzubrechen: „Ohne Vorratstasche, ohne Geld im Gürtel, kein zweites Hemd, keine Schuhe, nur Sandalen (…)“ (Mt 10,10; Mk 6,8-9). – Es war ein echtes Pfingsterlebnis.
So wünsche ich mir, dass der Geist des Aufbruchs, der Geist des Katakombenpakts, der ein Kernpunkt des Zweiten Vatikanischen Konzils war, von neuem uns ergreift, damit wir vollenden, was das Konzil begonnen hat.

Johann Fellner

Ein ganz großes Geschenk

Die Begeisterung, die unser Direktor Max Kolbeck im Erzbischöflichen Knabenseminar St. Michael in Traunstein zum Beginn des Zweiten Vatikanischen Konzils zeigte, konnte ich als Gymnasiast mit 17 Jahren noch kaum verstehen. Aber die Fernsehbilder vom Einzug der Bischöfe aus aller Welt in den Petersdom (11. Oktober 1962), die wir auf einem neuen großen Bildschirm im Theatersaal anschauen durften, haben mich schon fasziniert. Sie vermittelten einen Eindruck von der weltweiten katholischen Kirche. Der Direktor, die Präfekten und die älteren unter den Seminaristen spürten, dass diese Versammlung für die Kirche der Zukunft eine historische Bedeutung haben wird. In der geistlichen Lesung am Abend wurden uns Texte aus den Konzilsvorlagen vorgelesen, die mich zunächst wenig berührten. Aber der Präfekt Josef Brandner hat uns in vielen Gesprächen in sehr anschaulicher Weise dargestellt, welche Erneuerung für die Kirche von den Konzilsbeschlüssen ausgeht und wie sich dies auch in der Pastoral einmal auswirken wird.
Der erste Konzilstext, der mir bewusst in Erinnerung blieb, war die Konstitution über die Heilige Liturgie, weil sich schon bald nach dessen Verabschiedung Veränderungen in der Liturgie (Einführung der Muttersprache, neuer Messritus, neue Gestaltung der Feier der Osternacht etc.) ergaben, über die ich in den nächsten Jahren in der Heimatpfarrei mit dem Pfarrer sprechen und sie dann mit ihm vorsichtig in die Praxis der Gottesdienstgestaltung umsetzen durfte.
Erst als Theologiestudent habe ich mich auch mit den anderen Texten befasst. Es war für mich u. a. faszinierend zu entdecken, welche positive Sicht das Konzil von den Laien generell hat und welche grundsätzlichen Möglichkeiten sich z. B. für Laien in einem kirchlichen Beruf eröffneten. Diese haben ganz konkret meine Entscheidung für einen beruflichen Weg in und mit der Kirche von Anfang an geprägt.

Dass das Konzil auch ganz konkrete Auswirkung für die künftige Gestalt der Seelsorge in unserer Erzdiözese hatte, war für mich ab 1970 deutlich spürbar in der Arbeit und in den Texten der Würzburger Synode. Sie hatte den Auftrag, die Beschlüsse des Zweiten Vatikanischen Konzils auf die Situation der Kirche in Deutschland zu konkretisieren. Hier konnte ich auch den „Geist des Konzils" ganz unmittelbar erleben. Bischöfe, Priester, Ordensleute und Laien beteten miteinander, hörten aufeinander und diskutierten respektvoll „auf Augenhöhe" miteinander. Sie verstanden sich als Glieder des Gottesvolkes, das gemeinsam unterwegs war. Diese Erfahrungen haben mich auch in meiner Sicht von Kirche und in meinem Engagement in der Kirche bis heute geprägt. Ich bin überzeugt, dass das Zweite Vatikanische Konzil für die Kirche ein ganz großes Geschenk war, das mir persönlich und vielen anderen Menschen ein vielfältiges Mitwirken an der gemeinsamen Sendung ermöglichte. Es hat meinen Glauben daran gestärkt, dass der Heilige Geist in der Kirche wirksam ist.
Die erneute Auseinandersetzung mit den Aussagen des Konzils stärkt in mir die Hoffnung, dass auch in der heutigen Zeit wieder Aufbrüche in der Kirche möglich sind. Das Konzil war und ist für das Volk Gottes ein Prozess, der noch nicht abgeschlossen ist und im Archiv landet. Eine echte Erneuerung der gesamten Kirche, wie sie Papst Johannes XXIII. mit dem Konzil in Gang bringen wollte, braucht die Bereitschaft aller Glieder – also auch meine ganz persönliche – zur Erneuerung im Geist Jesu Christi. Und damit muss ich nicht warten, bis irgendwann neue Impulse von der Leitung der Kirche kommen, sondern kann sofort anfangen.

Wie viele andere habe ich zunächst die Veränderungen in der Liturgie als befreiend erlebt: keine Parallellesung mehr von deutschen und lateinischen Messtexten durch einen Vorbeter aus dem Volk und den Priester am Altar, aktiver Mitvollzug durch Beten und Singen statt schweigendem Absitzen bzw. Knien, zeitgemäße Fürbitten für die Anliegen in Kirche und Gesellschaft, Erfahrung der gläubigen Versammlung im gemeinschaftlichen Lobpreis u. ä.
Befreiend war und ist für mich auch die positive Sichtweise des Konzils auf „die Laien" im Volk Gottes. Die Beschreibung, dass alle im Volk Gottes mit gleicher Würde ausgestattet sind (Lumen Gentium Nr. 32), und die Aufwertung des Dienstes durch Laien in Gesellschaft und Kirche war und ist eine Bestärkung für die Sendung, zu der wir alle durch Taufe und Firmung vom Herrn selbst berufen sind.

Für mein Kirchenbild und mein Verständnis von Kirche war und ist sehr befreiend, dass die Kirche sich gegenüber der Welt und Gesellschaft nicht mehr abgrenzt. Diese Kirche lebt nicht für sich, sondern sie steht mitten in der Welt, ist ihr zugewandt und hat der Welt und Gesellschaft gegenüber eine dienende Aufgabe – zum Wohl aller Menschen.

Folgende Textabschnitte aus den Dokumenten des Zweiten Vatikanischen Konzils liegen mir besonders am Herzen.
Für die Entwicklung der neuen kirchlichen Berufe der Pastoral- und Gemeindereferenten/innen waren eine wichtige Grundlage:
Aus dem Dekret über das Laienapostolat:
„Schließlich vertraut die Hierarchie den Laien auch gewisse Aufgaben an, die enger mit den Ämtern der Hirten verbunden sind, etwa bei der Unterweisung der christlichen Lehre, bei gewissen liturgischen Handlungen und in der Seelsorge. Kraft dieser Sendung unterstehen dann die Laien bei der Ausübung ihres Amtes voll der höheren kirchlichen Leitung" (Apostolicam Actuositatem Nr. 24).
Aus der Dogmatischen Konstitution über die Kirche:
„Außer diesem Apostolat, das schlechthin alle Christgläubigen angeht, können die Laien darüber hinaus in verschiedener Weise zu unmittelbarerer Mitarbeit mit dem Apostolat der Hierarchie berufen werden, nach Art jener Männer und Frauen, die den Apostel Paulus in der Verkündigung des Evangeliums unterstützten und sich sehr im Herrn mühten (vgl. Phil 4, 3; Röm 16, 3 ff). Außerdem haben sie die Befähigung dazu, von der Hierarchie zu gewissen kirchlichen Ämtern herangezogen zu werden, die geistlichen Zielen dienen. So obliegt allen Laien die ehrenvolle Bürde, dafür zu wirken, dass der göttliche Heilsratschluß mehr und mehr alle Menschen aller Zeiten und überall auf der Erde erreiche. Es soll daher auch ihnen in jeder Hinsicht der Weg offenstehen, nach ihren Kräften und entsprechend den Zeitbedürfnissen am Heilswirken der Kirche in tätigem Eifer teilzunehmen" (Lumen Gentium Nr. 33).

Folgender Abschnitt war der erste Konzilstext, auf dessen Grundlage wir auch in der Heimatpfarrei schrittweise Veränderungen in der Liturgie einführten:
Aus der Konstitution über die Heilige Liturgie:
„Damit das christliche Volk in der heiligen Liturgie die Fülle der Gnaden mit größerer Sicherheit erlange, ist es der Wunsch der heiligen Mutter Kirche, eine allgemeine Erneuerung der Liturgie sorgfältig in die Wege zu leiten. Denn die

Liturgie enthält einen kraft göttlicher Einsetzung unveränderlichen Teil und Teile, die dem Wandel unterworfen sind. Diese Teile können sich im Laufe der Zeit ändern, oder sie müssen es sogar, wenn sich etwas in sie eingeschlichen haben sollte, was der inneren Wesensart der Liturgie weniger entspricht oder wenn sie sich als weniger geeignet herausgestellt haben. Bei dieser Erneuerung sollen Texte und Riten so geordnet werden, dass sie das Heilige, dem sie als Zeichen dienen, deutlicher zum Ausdruck bringen, und so, dass das christliche Volk sie möglichst leicht erfassen und in voller, tätiger und gemeinschaftlicher Teilnahme mitfeiern kann" (Sacrosanctum Concilium Nr. 21).

Werner Fiutak

Das Gewissen ist das Heiligtum im Menschen

Stille Meditation, mit der ich wenig anfangen konnte, von 5:45 Uhr bis 6:00 Uhr, um 6:00 Uhr Heilige Messe, anschließend Frühstück und in Eile zum Halbtagsjob in einer Düsseldorfer Kunststofffabrik, Mittagessen, Mittagsruhe, Hausaufgaben, von 17:00 Uhr bis 21:45 Uhr Unterricht am Abendgymnasium und zum Abschluss ein Glas Alt bei Egon, dem Kneipenwirt. Das war mein Tagesablauf im „Kasten", wie wir das Studienheim des Erzbischöflichen Abendgymnasiums Collegium Marianum in Neuß am Rhein nannten, in dem ich von 1961 bis zu meinem Abitur im Jahr 1965 wohnte.

Den Beginn des Konzils 1962 und seinen Verlauf verfolgten wir mit lebhaftem Interesse und heftigen Diskussionen. Die Kommentare reichten von Begeisterung: „Endlich bewegt sich was!" bis zu Entsetzen: „Was machen die aus unserer guten alten römischen Kirche?" Ich freute mich über die Aufforderung Papst Johannes XXIII., Türen und Fenster zu öffnen.

Nach dem Abitur ging ich nicht wie beabsichtigt und erwartet ins Priesterseminar nach Köln, sondern zur Bundeswehr nach Bruchsal, durchlief die Ausbildung zum Offizier in Starnberg, Koblenz, Feldafing und Hamburg, lernte 1967 in Tutzing meine Frau kennen, wir heirateten 1968, zwei Söhne kamen, einer in Regensburg, der andere in München, und wir wechselten alle zwei bis drei Jahre den Wohnort. So konnte ich die Veränderungen, die das Konzil bewirkte, in verschiedenen Diözesen und Gemeinden erleben.

Besonders bewegt haben mich die neue Gestalt der Liturgie, die Aussagen zum Laienapostolat, so wie zu Gewissen und Freiheit. Spannend war es mitzuerleben, wie die *Liturgiereform* in den verschiedenen Diözesen und Pfarrgemeinden umgesetzt wurde. Als Ministrant war mir die Heilige Messe von klein auf vertraut. Das Suscipiat kann ich heute noch auf Latein runterrasseln. Nun konnte das ganze „Volk Gottes" verstehend mitfeiern. Als besonderes Geschenk haben wir in der Familie die Vorabendmesse am Samstag angenommen. Der Sonntag be-

gann so bereits am Samstagabend: für eine Familie, in der alle auf verschiedene Weise engagiert sind, eine segensreiche Erweiterung des Sonntags.
Ansporn waren für mich die Wiederentdeckung der Kirche als „Volk Gottes" und der Aufruf zum *Laienapostolat*: „Da es aber dem Stand des Laien eigen ist, inmitten der Welt und der weltlichen Aufgaben zu leben, sind sie von Gott berufen, vom Geist Christi beseelt nach Art des Sauerteigs ihr Apostolat in der Welt auszuüben" (Apostolicam Actuositatem Nr. 2). Ein Auftrag, dem ich im Alltag nicht ausweichen konnte. Als „Kirchgänger" werde ich beobachtet. Behandelte ich die Soldaten rücksichtsvoll, war ich ein frommer Weichling, bestrafte ich, so wurde ich gefragt, ob ich das als Christ verantworten könne. Das waren Anlässe, meinen Glauben darzulegen. Ob ich jemanden bekehrt habe, weiß ich nicht.
Prägend für mein Leben waren die Aussagen des Konzils zu *Gewissen und Freiheit*: „Das Gewissen ist die verborgenste Mitte und das Heiligtum im Menschen, wo er allein ist mit Gott, dessen Stimme in diesem seinem Innersten zu hören ist" (Gaudium et Spes Nr. 16); und: „Aber nur frei kann der Mensch sich zum Guten hinwenden" (Gaudium et Spes Nr. 17). In den Lebensregeln der Stefanus-Gemeinschaft fand ich einen Weg, die geschenkte Freiheit in Verantwortung anzunehmen. Tägliche Schriftlesung, persönliches Gebet, lebendige Teilnahme an der Eucharistie, Gewissenserforschung und Sakrament der Versöhnung helfen, in Freiheit und in Einklang mit Gottes Willen zu leben.
Freilich füllen diese spirituellen Übungen nur einen geringen Teil unserer Lebenszeit aus. Viel mehr Zeit benötigt der Alltag, dem wir uns stellen müssen. Darum weist eine weitere Lebensregel der Stefanus-Gemeinschaft auf die Bewährung im Alltag hin. Aus der Beziehung zu Gott schöpfen wir Kraft. Glaubhaft werden wir durch unser Tun im täglichen Leben. Auch darauf weist das Konzil hin. Hier fand ich die Bestätigung für meine Berufswahl: „Wer als Soldat im Dienst des Vaterlandes steht, betrachte sich als Diener der Sicherheit und Freiheit der Völker. Indem er diese Aufgabe recht erfüllt, trägt er wahrhaft zur Festigung des Friedens bei" (Gaudium et Spes Nr. 79). Die wichtigste Aussage des Konzils in der Spannung zwischen religiösem Leben und Bewältigung der Alltagspflichten war für mich: „Die Christen sollen vielmehr froh sein, in der Nachfolge Christi, der als Handwerker gearbeitet hat, ihre ganze irdische Arbeit so leisten zu können, dass sie ihre menschlichen, häuslichen, beruflichen, wissenschaftlichen oder technischen Anstrengungen mit den religiösen Werten zu einer lebendigen Synthese verbinden; wenn diese Werte nämlich die letzte Sinngebung bestimmen, wird alles auf Gottes Ehre hingeordnet" (Gaudium et Spes Nr. 43).

Walter Flemmer

Wir waren stolz auf unseren Bischof

Vatikanum II.-Erinnerungen werden wach. Fünfzig Jahre, in denen mich Nachwirkungen und das Verebben des Konzils begleitet haben. Zu den Erinnerungen gehört auch eine „Vorfeld-Radtour" aus der Münchner Pfarrei St. Heinrich nach Würzburg. Die Begegnung mit einem begeisternden Bischof, dem späteren Kardinal Döpfner und Konzilstheologen. Ich sehe ihn heute noch vor uns, der Jugendgruppe, sitzen, auf der Mauer, oben auf der Burg und sich mit uns unterhaltend. Da war ein Hirte, der junge Menschen für die Kirche begeistern, einnehmen konnte, ein Hirte, der Zukunft ausstrahlte, ein Hirte, mit dem man gerne in diese Zukunft voranging.
Und dieser Bischof wurde unser Diözesanbischof, wirkte mit an der zukünftigen Gestalt der Kirche, sein Name tauchte auf in den Dokumenten zum Konzil, nach dem Konzil, so in der Predigt „Der Menschheit von heute begegnen". Da war es da: das Heute, die Begegnung mit unserer, dieser Welt, der die Kirche mit offenen Augen entgegenblickte, die sie mitgestalten wollte. Kardinal Döpfner, einer der Moderatoren des Konzils. Wir waren stolz auf unseren Bischof. Welch eine Weite, wenn ich heute die Namensliste der „Leitungsgremien des Konzils" durchblättere, die Liste der Delegierten, Beobachter und Gäste. Die dicken Bände der „Fromms Taschenbücher", in denen die Dokumente, Texte, Kommentare der einzelnen Sitzungsperioden gesammelt sind, das „Kleine Konzilskompendium", herausgegeben von Karl Rahner und Herbert Vorgrimler. Lesebücher, die Mut machten, die den schier unglaublichen Aufbruch kommentierten.
Und da kam mir das von Karl Rahner, Mario von Galli und Otto Baumhauer herausgegebene Taschenbuch in die Hände, das ich als Rezensent zu besprechen hatte. Mein Kollege Baumhauer vom Westdeutschen Rundfunk (WDR) hatte die Fernsehreihe, die die Grundlage des Buches bildete, betreut. Der Titel des schmalen Bandes: „Reformation aus Rom", welch eine Herausforderung. Namhafte Autoren wie Franz Boeckle, Johannes M. Hoeck, Johannes Baptist Metz

oder Johannes Schütte beschrieben die Situation der Kirche nach dem Konzil. In dreizehn Halbstundensendungen hatten sie die Hintergründe der Themen, die möglichen Auswirkungen behandelt.
Das spektakuläre Ereignis Konzil begleitete, so darf ich sagen, auch die Arbeit der Redaktion „Kirche und Welt", die meinem Aufgabenbereich im Fernsehen zugeordnet war. In den großen Fernsehserien wie der 30teiligen Credoreihe konnten wir noch einmal den Geist des Konzils aufleben lassen, spürbar werden lassen, dass Christen die Welt von heute gestalten wollten und konnten. Unvorstellbar, dass heute noch einmal solche Sendereihen zustandekämen, die in die Öffentlichkeit und in die begleitende Erwachsenenbildung hineinwirkten.
Was war in den 50 Jahren seit dem Konzil geschehen? Seinerzeit konnte Mario von Galli schreiben: „Wenn also irgendein Bischof oder eine kirchliche Autorität ‚nur' autoritär regieren wollte, kann, muss eigentlich das ganze Kirchenvolk reklamieren. Es muss sagen, das entspricht nicht dem Willen des Stifters, denn die ganze Kirche muss ein synodaler Zug durchziehen."
Still ist es um die Konzilspräsenz geworden. Trotzdem habe ich wieder einmal „Die Pastorale Konstitution über die Kirche in der Welt von heute (Gaudium et Spes)" gelesen und Hoffnung und Freude geschöpft. Auch das „Dekret über das Laienapostolat", in dem es heißt, dass die Laien „auch am priesterlichen, prophetischen und königlichen Amt Christi teilhaben" (Apostolicam Actuositatem Nr. 2; 10) empfiehlt sich zur erneuten Lektüre.

Gerhard Gruber

Der Geist Gottes drängt zum Dialog

Als Sekretär von Kardinal Döpfner durfte ich das Konzil aus nächster Nähe miterleben. Nach der überraschenden Ankündigung durch Papst Johannes XXIII. gab es sofort hochgespannte Erwartungen: Die liturgische, die ökumenische und Bibelbewegung der Nachkriegszeit, Diskussionen um die soziale Frage, Laienapostolat, „neue Theologie" verlangten nach Klärung und Anerkennung; doch auf der anderen Seite standen die Bestrebungen (vor allem der meisten Vorbereitungskommissionen in Rom) zur Erhaltung der traditionellen Formen und Lehren und so stieg auch die Angst vor Enttäuschungen. „Nur wer zu viel erwartet, wird enttäuscht", titelte die Katholische Nachrichtenagentur (KNA); das stimmte auf jeden Fall.

Dann begann das Konzil bei strahlender Sonne mit dem feierlichen Einzug der „Konzilsväter" (Bischöfe aus aller Welt) mit dem Papst in St. Peter am 11. Oktober 1962. Unvergesslich der laue Herbstabend mit dem Fackelzug der italienischen Arbeiterbewegung über den Petersplatz, darüber der Vollmond und dazu die improvisierte Ansprache von Papst Johannes XXIII.: „Heute ist ein neues Licht aufgestrahlt. Von heute an leuchtet das Licht des Konzils über der Welt. Seht, auch der Mond freut sich heute, und wenn ihr jetzt nach Hause kommt, dann lasst es auch eure Kinder wissen: macht ihnen eine kleine Freude." Entscheidend für den Verlauf des Konzils war jedoch der Paukenschlag bei der ersten Arbeitssitzung des Konzils („Generalkongregation"): Als man den Konzilvätern zur Wahl der Kommissionen die Namenslisten der bestehenden römischen Kommissionen vorlegte, standen die Kardinäle Lienart und Frings auf und forderten eine Vertagung des Konzils um drei Tage, damit sich die Väter selbst in Ruhe überlegen konnten, wen sie wählen wollten. So geschah es dann auch.
Das Konzil begann seine Arbeit mit der Diskussion („disceptatio") der Vorlage („Schema") über die Liturgiereform. Die Erwartungen waren immer noch

ambivalent. Klarheit brachte die erste Abstimmung am 14. November 1962; die Konstitution wurde mit überwältigender Mehrheit (2162 ja, 46 nein, 7 Enthaltungen) angenommen. Aber dann kam der Dämpfer. Er zeigte, wie sehr auch die Arbeit eines Konzils – wie jedes menschliche Bemühen – seine Grenzen hat: Als der Gang der Diskussion um die Vorlage „die Quellen der Offenbarung" eine absolute Mehrheit für eine Ablehnung voraussehen ließ, suchte die Konzilsleitung das Schema mittels Umkehrung der Abstimmungsfrage zu retten. Große Verwirrung entstand. Da griff Johannes XXIII. ein (sein einziger Eingriff in das Konzilsgeschehen) und ordnete eine Neubearbeitung durch eine gemischte Kommission mit den Kardinälen Ottaviani und Bea an der Spitze an. So war das Konzil gerettet.
Diese Erlebnisse der ersten Konzilsperiode (und ähnliche der folgenden Perioden) prägten wesentliche Facetten meines Kirchenbildes und folglich auch meines Wirkens in dieser Kirche: sie ist das durch die Zeiten wandernde Gottesvolk (Konstitution Lumen Gentium), sie ist Heilszeichen („Ursakrament") für die Welt, sie ist immer wieder neuen Wandlungen und Herausforderungen ausgesetzt, sie ist veränderlich („vergänglich") in ihrer (äußeren) Gestalt (vgl. Lumen Gentium Nr. 7, Nr. 48 [3. Abs.]), und doch „unfehlbar" ihrem Ziele entgegeneilend – dank dem Geist Gottes, der sie leitet. Dieser, der Geist Gottes, der der Geist der Liebe ist, hält und führt alle ihre Glieder immer wieder zusammen im offenen und ehrlichen Gespräch („Dialog") miteinander, im Ringen um eine gemeinsame Sprache in der Verkündigung und um ein im Wesentlichen übereinstimmendes Handeln in der Welt, in der Geduld und im Ertragen der menschlichen Grenzen, kurzum: in der Gemeinschaft („Communio") der Kirche Christi.

Die Veränderungen, die das Konzil brachte (wohl zu unterscheiden von Veränderungen, die dem Konzil mehr oder weniger fälschlich zugeschrieben werden), lassen m. E. den (viel und manchmal zu Unrecht oder ungenau zitierten) „Geist des Konzils" erkennen, der den Blick weitete von einer stark klerikal bestimmten Kirche hin zu allen Gläubigen (den „Laien"), zu den anderen christlichen Konfessionen („Ökumene"), zu den anderen Religionen, zu den Nicht-Gläubigen, schließlich zu allen Menschen. Das Konzil zeichnete damit, ohne dass es dies ausdrücklich zum Thema machte, ein Bild von Gott, der in seiner unendlichen Liebe alle Menschen wirksam umfängt, sie von jeder Angst befreit und Freude und Hoffnung schenkt.

Folgende Textabschnitte aus den Dokumenten des Zweiten Vatikanischen Konzils liegen mir besonders am Herzen:
Aus der Pastoralkonstitution „Die Kirche in der Welt von heute“ (Gaudium et Spes) die Nr. 16: „Die Würde des sittlichen Gewissens“. Grund: Weil das individuelle Gewissen, im Verbund mit der im anschließenden Abschnitt Nr. 17 beschriebenen Freiheit des Menschen, der Ansatzpunkt ist, wo Gottes Geist (Gottes Kraft) im einzelnen Menschen wirkt und ihn zur Gemeinschaft (Communio) befähigt, so dass daraus die Kirche (Ortskirche, Weltkirche) entsteht, wie sie in der Konstitution über die Kirche (Lumen Gentium) beschrieben ist.
Aus der Dogmatischen Konstitution über die Kirche (Lumen Gentium), Kap. 3, Nr. 18 („verschiedene Dienstämter“) und Kap. 4, Nr. 32 („Die Hirten der Kirche sollen nach dem Beispiel des Herrn einander und den übrigen Gläubigen dienen“). Die Stelle ist für mich als Priester besonders wichtig. Grund: Hier ist m. E. die früher von Theologen diskutierte Frage, worin denn inhaltlich genau die in der sakramentalen Weihe (Diakone, Priester, Bischöfe) verliehene „unauslöschliche Prägung“ (character indelebilis) bestehe, klar beantwortet. Sie besteht in der wesensmäßigen Beziehung der Geweihten („Ordinierten“) auf die konkreten Gläubigen, auf die lebendigen Menschen, auf das Volk Gottes, das konkret in Gemeinschaften, Gemeinden, letztlich in der Kirche, zu „bedienen“ (sammeln, helfen, lehren, heiligen) ist. Damit scheiden alle Vorstellungen von „Geistlicher Herrschaft“ aus, gemäß dem Imperativ im 1. Petrusbrief: „Seid nicht Beherrscher eurer Gemeinden!“ (1 Petr 5, 3).

Alois Glück

Meine religiöse Prägung erlebte ich primär außerhalb der Pfarrgemeinde

Die Zeit des Zweiten Vatikanischen Konzils habe ich in unserer Kirche gewissermaßen in zwei Welten erlebt. Schon Jahre vor Beginn des Konzils erlebte ich in Seminaren der Katholischen Landjugendbewegung (KLJB) eine Liturgie, die allgemein erst später Wirklichkeit wurde. Als Gemeinschaft, teilweise buchstäblich als Tischgemeinschaft, in deutscher Sprache und mit einer Verkündigung, die nicht mehr von Gehorsamsglaube und religiöser Angstpädagogik geprägt war. Andererseits habe ich im Alltag unserer Pfarrgemeinde fast bis zum Ende des Konzils genau dieses erlebt. Die durch den „Geist des Konzils" und durch die Beschlüsse des Konzils gewonnenen neuen Sichtweisen und Positionen habe ich in unserer Kirche primär nur im Bereich der Liturgie und durch die Veränderung der Kirchenräume erleben können. Die Messfeier in deutscher Sprache und mit entsprechender Beteiligung der Gläubigen in der Form von Gemeinschaftsmessen war ein Aufbruch und eröffnete ganz neue Zugänge zum Wesen der Eucharistiefeier. Bei der Gestaltung der Liturgie und auch beim „Ausräumen" der Kirchenräume gab es wohl manchen Aktionismus, aber das hat sich mit der Zeit eingependelt.

Ohne die Veränderungen des Zweiten Vatikanischen Konzils hätte ich ganz sicher zu meiner Kirche kaum mehr einen Bezug. Eine Glaubensverkündigung, die weiter nur primär auf Gehorsam und sozialer Norm fußt, hätte mich gewiss nicht mehr getragen und geprägt.
Als befreiend habe ich erlebt, dass ganz im Sinne von Papst Johannes XXIII. in der Kirche spürbar die Fenster geöffnet wurden. Es wuchs eine Atmosphäre der Offenheit, die Bibelarbeit und das geistliche Gespräch entwickelten sich. Als Gläubige waren wir nicht mehr nur „religiös Betreute", sondern immer mehr Teil der Kirche im Sinne der „mündigen Laien". Freilich muss ich auch im Rückblick feststellen, dass ich die wesentlichsten Impulse für dieses religiöse Verständnis,

für dieses Glaubensverständnis und für meine weitere religiöse Prägung primär außerhalb der Pfarrgemeinde erlebt habe, insbesondere in der Gemeinschaft der Katholischen Landjugend und der katholischen Gemeinschaften.
Die innere Veränderung, die sich im Geiste des Konzils hätte ergeben müssen, entsprach nicht der Intensität, die etwa im Rahmen der Liturgie und der wachsenden Vielfalt der Gebetsformen zu erleben war.
Trotz alledem habe ich das Konzil und die Veränderungen in unserer Kirche als neuen Aufbruch empfunden. Umso bedrückender empfand ich dann in den letzten 20 - 30 Jahren, dass im inneren Leben der Kirche die Ergebnisse und der „Geist" des Konzils eher wieder zurückgedrängt wurden. Das „pilgernde Gottesvolk" erlebte wieder immer mehr einen wachsenden Klerikalismus, bei den Engagierten wuchsen wieder die Frustrationen und häufig in der Folge die Resignation.
Mein Lebensweg ist besonders durch das politische Engagement geprägt und deshalb sind die Konzilstexte, die sich mit der Beziehung von Kirche und Welt befassen, für mich besonders bedeutsam geworden. Exemplarisch steht dafür der Anfang der Pastoralkonstitution: „Freude und Hoffnung, Trauer und Angst der Menschen von heute, besonders der Armen und Bedrängten aller Art, sind auch Freude und Hoffnung, Trauer und Angst der Jünger Christi" (Gaudium et Spes Nr. 1).

Christoph Haberl

Umsetzung der Konzilsbeschlüsse in der Würzburger Synode

Meine Erinnerungen an das Zweite Vatikanische Konzil sind untrennbar verknüpft mit der „Umsetzung der Konzilsbeschlüsse“ durch die Würzburger Synode. Meine Teilnahme an der Synode bewegt mich, das Konzil aus diesem Blickwinkel zu betrachten.

Als es zu Beginn der Synode darum ging, sich für eine Sachkommission (SK) zu entscheiden, wählte ich die SK IV „Ehe und Familie“. Meine Entscheidung für dieses Thema war beeinflusst von meiner intensiven Beschäftigung mit vielen jungen Familien in der Pfarrei Zwölf Apostel, in der ich von 1947 bis 1966 Kaplan sein durfte. Im Gegensatz zu meiner Erfahrung als Kaplan merkte ich aber sehr schnell, wie unterschiedlich die Anliegen der einzelnen Mitglieder der Sachkommissionen waren; es wurde sehr viel gestritten. Es war daher auch kein Zufall, dass bei der Schlussabstimmung über unsere Vorlage diese zwar angenommen worden ist, aber nur mit einer einzigen Stimme mehr, wie für die nötige Zweidrittel-Mehrheit notwendig war. Nicht auszudenken, was das Scheitern unseres Papiers für die ganze Synode bedeutet hätte!

Erst jetzt – in der Rückschau – wird mir klar, dass damals schon viel mehr Zündstoff in diesem Thema steckte, als wir wahrgenommen hatten. Die Synode begann im Januar 1971. Damals hatten sich bereits die „berühmtberüchtigten“ 68er ihren Platz in der Öffentlichkeit erstritten, was aber, soweit ich mich erinnere, in den Diskussionen unserer Sachkommission keine Bedeutung hatte.

Wenn ich mich frage, warum wir damals die Brisanz der Anfragen der 68er-Generation so gut wie nicht wahrgenommen haben, so würde ich für meine Person erwidern: Meine Begeisterung für die durch das Konzil gegebenen Möglichkeit einer Liturgiereform ließ mich viel mehr auf diesem Gebiet tätig werden. Die Mühsal der rechten Wortfindung in unserem Arbeitspapier war für mich zweitrangig. Heute weiß ich, dass es wichtiger gewesen wäre, der Frage der rechten Einordnung von Sexualität, Ehe und Familie in der Gesellschaft – als Grundlage des menschlichen Zusammenlebens schlechthin – nachzugehen. Das müsste unbedingt heute geschehen, angesichts so vieler aktueller Fragen wie nach dem Sinn oder Unsinn einer „Homo-Ehe“, nach den Hilfen für eine Patchwork-Familie, nach den neu eröffneten Möglichkeiten einer Genmanipulation und vielen, vielen anderen mehr.

All das Gesagte aber soll nicht verhindern, dass auch nachgedacht wird über die vor fast 50 Jahren begonnene Liturgiereform: was sie uns gebracht hat, was noch aussteht und wie es unter dem Druck des Priestermangels weitergehen soll.

Am wichtigsten wird unser Gebet sein. Gott möge uns helfen in der Suche nach einem guten Weg in die Zukunft – für seine, für unsere Kirche.

Anton Häckler

Gipfel und Quelle

Das Konzil hat mein Leben verändert

Ja, das Konzil hat mein Leben verändert und geprägt – konkret, grundlegend und nachhaltig. Es ist nicht nur eine schöne Erinnerung aus meiner Jugendzeit an die Euphorie kirchlichen Aufbruchs und Neuanfangs, das auch. Es ist auch nicht nur so, dass ich mich als Christ über die Zuwendung der Kirche zum Menschen als Subjekt gefreut hätte, über die Hervorhebung und neue Achtung des gemeinsamen Priestertums der Gläubigen etwa. Nein, ohne das Zweite Vatikanische Konzil wäre ich nicht, was ich bin: verheirateter Ständiger Diakon und Domzeremoniar. Ermöglicht hat das Erstere die Dogmatische Konstitution über die Kirche Lumen Gentium (LG). Sie wurde in der feierlichen Schlussabstimmung mit 2151 Ja- gegen 5 Nein-Stimmen verabschiedet und am 21. November 1964 feierlich verkündet. Darin wünscht das Konzil in Artikel 29 die Wiederherstellung des Diakonats „als eigene und beständige hierarchische Stufe“ innerhalb des einen Weihesakraments und stellt es den territorialen Bischofskonferenzen anheim, „derartige Diakone zu bestellen“. Dabei „wird dieser Diakonat auch verheirateten Männern reiferen Alters erteilt werden können …“, wie es heißt.
Allerdings nahm ich diese Möglichkeit zur Zeit der Verabschiedung des Dokuments noch gar nicht so zur Kenntnis. Dies geschah erst sechs Jahre später, als die fünf Männer aus unserer Erzdiözese, die sich schon seit den 1950er Jahren zusammen mit anderen Interessierten und namhaften Theologen, wie z. B. Karl Rahner SJ, für die Wiedereinführung des Diakonats für verheiratete Männer einsetzten, am 21. November 1970 von Kardinal Döpfner in München zu Diakonen geweiht wurden.
Was mich mit dem Zweiten Vatikanischen Konzil von Anfang an verbindet, war und ist vielmehr die Reform der Liturgie. Man sprach im Kreise der Katholischen Jugend, der ich angehörte und in der ich mich engagierte, schon vor Beginn des Konzils nur noch von der Reform der Liturgie Das war das vorrangige Thema der Jugendkapläne und Jugendpfarrer. Wir ließen uns davon anstecken

und erhitzten uns in Gesprächen über die Einführung der Landessprache, über die Zelebration versus populum und den Gemeinschaftscharakter des Gottesdienstes, aber auch über die „zeitgemäße" Änderung bzw. Sicht der Riten im Hinblick auf ihre Verstehbarkeit. Schon vor dem Konzil begannen viele Priester – „im vorauseilenden Gehorsam", wie die praktische Redewendung, mit der man sich exkulpierte, hieß – mit liturgischen Experimenten. Wir kamen uns als regelrechte Pioniere vor. Solche Experimente setzten sich dann leider – bis heute – fort; „leider" hinsichtlich der Geringachtung des Konzils und der folgenden liturgischen Bücher. Damals brannte das Thema der Liturgie in der Tat allgemein auf den Nägeln und ihre Erneuerung warf ihre Schatten auch von der Kirche her lange voraus. In München war dies kurz vor dem Konzil zuletzt der Eucharistische Weltkongress 1960, der schon von Reformgedanken inspiriert war. Und in den vorkonziliaren Erwägungen nahm das Thema Liturgie breitesten Raum ein. Laut J. A. Jungmann SJ befassten sich ein Viertel von den 9000 Seiten Vorschlägen, die aus aller Welt nach Rom gesandt wurden, mit der Erneuerung des Gottesdienstes. So nimmt es nicht Wunder, dass das Konzil sich zuerst mit der Liturgiereform befasste und am 4. Dezember 1963 die Konstitution Sacrosanctum Concilium (SC) mit 2147 Ja- gegen nur 4 Nein-Stimmen verabschiedet und feierlich verkündet wurde.
Bereits im Januar 1964 erschien die lateinisch-deutsche Ausgabe der Konstitution, herausgegeben und erläutert von Bischof Simon Konrad Landersdorfer, Josef A. Jungmann und Johannes Wagner. Ich kaufte sie mir sofort und las sie durch, von vorne bis hinten, einmal, zweimal, immer wieder – bis heute. Ich besitze diese Ausgabe heute noch und liebe sie trotz oder wegen ihrer vielen Anmerkungen und ihres abgegriffenen Zustands. Warum ich mich damals, noch als Laie, dafür so interessierte, weiß ich nicht, ich war einfach fasziniert und begeistert. Dass sie 20 Jahre später mein Schicksal werden sollte, will heißen, eine unverzichtbare Grundlage für meine Aufgabe als Zeremoniar an der Bischofskirche, konnte ich ja nicht ahnen und war auch gar nicht denkbar. Von Anfang an hat mich die Konstitution über die heilige Liturgie geprägt, indem ich immer tiefer in das Wesen des Gottesdienstes der Kirche eindrang. Und ich bin überzeugt, dass der viel gerühmte und jetzt wieder beschworene „Geist des Konzils" nur wahrgenommen werden kann über das Studium der Texte. Wie sonst?
Herrlich, aber auch kühn empfinde ich bis heute die Aussage des Artikels 10 der Liturgiekonstitution, „*…die Liturgie ist der Gipfel, dem das ganze Tun der Kirche zustrebt, und zugleich die Quelle, aus der all ihre Kraft strömt.*" Kühn deshalb,

weil schnell der Einwand kommen kann: Hat die Kirche denn nicht noch Wichtigeres zu tun? Wo wird dieses Wort der Konstitution wirklich ernst genommen? Wo ist man davon erfüllt? In den Pfarreien? In der Organisation des Ordinariats unserer Erzdiözese? Welchen Platz nahm es im Ranking der Brainstorming-Listen im Zukunftsforum ein? Der Satz gilt für alle, für das ganze Volk Gottes, nicht nur für den Klerus, auf den man diese Aussage vor dem Konzil automatisch übertragen hätte. Liturgie war ja vor dem Konzil alleinige Sache des Klerus. Die Laien „wohnten dem Gottesdienst bei" oder „hörten" die heilige Messe, die vom Priester „gelesen" wurde. Die Gemeinde galt nicht als Subjekt der Liturgie; so war es für die Gläubigen schwierig, sie als Gipfel und Quelle zu erleben. Daher hat das Konzil noch eine wichtige Korrektur in Anknüpfung an die alte Tradition der Kirche getroffen und eine weitere folgenreiche und wunderbare Aussage getroffen, die mir zum Leitfaden wurde: *„Die Mutter Kirche wünscht sehr, alle Gläubigen möchten zu der vollen, bewussten und tätigen Teilnahme an den liturgischen Feiern geführt werden, wie sie das Wesen der Liturgie selbst verlangt und zu der das christliche Volk, ‚das auserwählte Geschlecht, das königliche Priestertum, der heilige Stamm, das Eigentumsvolk' (1 Petr 2, 9; 2, 4-5) kraft der Taufe Recht und Amt besitzt."* Recht und Amt haben also die Gläubigen kraft Taufe in der Liturgie, die sie voll, bewusst und tätig mitfeiern sollen. Dabei gibt es verschiedene Dienste und Ämter, von denen aber „jeder, sei er Liturge oder Gläubiger, nur das und all das tun (soll), was ihm aus der Natur der Sache und gemäß den liturgischen Regeln zukommt". Die deutsche Übersetzung „Liturge" für „minister" im lateinischen Original ist ungewohnt, auch dass das Original „minister" (= Diener) wählt und nicht etwa „sacerdos" (= Priester). Vielleicht klingt hier schon an, was in Lumen Gentium breiten Raum einnimmt: das Amt in der Kirche ist Dienst.
Lumen Gentium – jene o. g. dogmatische Konstitution über die Kirche, die Konstitution, die mein Leben dann endgültig verändert hat, als ich 1977 von Kardinal Ratzinger zum Diakon geweiht wurde – will u. a. auch dem damals weitverbreiteten, latenten Unbehagen am Klerikalismus begegnen und stellt fest: Das Hirtenamt ist ein Dienstamt. Dies kann man durchaus als Paradigmenwechsel bezeichnen. Der Dienst bzw. die Dienstbereitschaft ist das entscheidende Kriterium für ein Amt in der Kirche. So heißt es z. B. in Artikel 20 von Lumen Gentium: „Die Bischöfe haben also das Dienstamt in Gemeinschaft mit ihren Helfern, den Priestern und Diakonen, übernommen. An Gottes Stelle stehen sie der Herde vor, deren Hirten sie sind, …". Und in Artikel 24: „Jenes Amt aber, das der

Herr den Hirten seines Volkes übertragen hat, ist ein wahres Dienen, weshalb es in der Heiligen Schrift bezeichnenderweise mit dem Wort „Diakonia" d.h. Dienst, benannt wird ...". Im Matthäusevangelium bezeichnet sich Jesus selbst als Diakon: „Ich bin unter euch wie ein Diener", im Original: „hos ho diakonon" (Lk 22,27). Das Dienen, die Diakonie, ist Wesensmerkmal der Kirche wie die Liturgie, ja sie ist Teil und Ausfluss der Liturgie. Papst Benedikt schreibt in seiner Enzyklika Deus Caritas est: „Die Kirche kann den Liebesdienst so wenig ausfallen lassen wie Sakrament und Wort." (Artikel 22). Mit der Wiederherstellung des Diakonats erhält dieser Liebesdienst der Kirche in den Diakonen wieder ein sakramentales Gesicht. Sie sind wie Bischof und Priester mit dem Sakrament des Ordo ausgezeichnet, haben aber aus der Weihe keine Vollmacht erhalten. Gerade das aber – so der Liturgiewissenschaftler P. Angelus A. Häußling OSB – zeichne den Diakon aus, denn er sei gerade darin Ikone Jesu Christi, der sich entäußert hat und gekommen ist zu dienen und nicht, sich bedienen zu lassen; der Diakon könne daher am glaubwürdigsten in die Rolle des Herrn eintreten. Künftig könne man den Ordo gar nicht mehr von der Vollmacht her definieren, so Häußling.

Das Zweite Vatikanische Konzil war sicher der Höhepunkt der Kirchengeschichte des letzten Jahrhunderts. Es ist meine Überzeugung, dass es im Hinblick auf den Gottesdienst der Kirche und im Hinblick auf ihr Selbstverständnis ein hoher Gewinn war. Für mich war es ein befreiendes Erlebnis. Auch das Konzil im Gesamten: ein Gipfel und eine Quelle.

Theresia Hauser

Das Konzil als Ereignis

Das Ereignis
während meiner Lebenszeit
das Geschenk
an Deine Menschengeschwister
war das Konzil.
Wir haben Deine Kirche
Sich verjüngen sehen
Nicht nur die Fenster gingen auf
Sogar die Türen standen offen.
Die Lehre von der gleichen Würde
der Getauften
half zu neuem Miteinander
Wir erahnten Deinen Plan
für das Volk Gottes
Keiner herrscht, jeder dient
Eine ist gleich der anderen
Nur Du bist der Meister
Du der Herr

Die geschwisterliche Kirche
die wir erträumen
ist zwar noch meilenweit entfernt
Doch sind wir zuversichtlich unterwegs
mit Deinem Evangelium
Anders – neu lernten wir es lesen und
verstehen

Wir erkannten
Verbraucht ist vieles an Gedachtem
und Gesagtem
über uns Menschen
über Dich, mein Gott
Wir lassen es zurück

Unter Deinem Angesicht
richten wir uns auf
Wir finden zu uns selbst
und zueinander
durch Dein Wort

Wer gebeugt ist und im Elend
bringt es zu seiner Würde
kommt zu seinem Recht

Den Menschen auf den Kontinenten
dieser Erde
alle suchen Dich
erhellt es ihre Wege
ihren Sinn

Oft denke ich an Simeon den Greis
Er sagte
Meine Augen haben
den neuen Anfang gesehen

Er geht auf
über dem Menschengeschlecht
Dein Reich kommt
im Bewusstwerden
der Menschenwürde aller
im Hunger nach Gerechtigkeit
nach Frieden

Die Hoffnungskeime, Herr
die du eingepflanzt in Deine Kirche
in die zerrissene, ruhelose
von Dir so sehr geliebte Welt
sie sind wahrnehmbar für alle

Sie lassen mich jung
in Hoffnung sein
im alternden Leib

---

aus: Theresia Hauser: Du bist nahe. Sich betend erinnern. Ostfildern, Schwabenverlag 1996

Konrad Kronast

Mein Erleben des Konzils

Das, was das Zweite Vatikanische Konzil an Neuerungen, gerade im Bereich der Liturgie, gebracht hat, hat bei mir schon früher angefangen. In meiner Zeit als Gymnasiast und Seminarist habe ich in den 1950er Jahren durch meinen Heimatpfarrer Franz Fischer erlebt, was Aufbruch bedeutet. Er hat die erneuerte Karwochenliturgie, vor allem die Osternacht, intensiv in der Pfarrgemeinde umgesetzt. Schon damals wurde praktiziert, dass viele in der Liturgie mitwirken sollen, in einer jeweils verschiedenen Rolle. Vorher war ich als Ministrant nur dadurch beteiligt, dass ich Gebete in Latein gesprochen habe, die ich nicht verstanden habe. Nicht anders ist es den vielen Kirchenbesuchern ergangen, die das liturgische Geschehen über sich ergehen ließen, ohne beteiligt zu sein. Die Männer sind beim Sonntagsgottesdienst ohnehin erst nach der Predigt in die Kirche gekommen und bei der Kommunion haben sie die Kirche wieder verlassen. Sie hatten damit die Sonntagspflicht erfüllt.
Es war dann im Studienseminar in Traunstein schon ein Fortschritt, dass wir die tägliche Messe öfter als sog. „Betsingmesse" gefeiert haben. Interessant war es damals auch dadurch, dass wir unsere ersten Lateinkenntnisse anwenden konnten. Aufregend war es, als Papst Johannes XXIII. am 25. Januar 1959 ein Konzil ankündigte. Ich war damals in der Abiturklasse und schon etwas kritischer. Wir konnten uns nicht genau vorstellen, was mit „aggiornamento" gemeint war, was es heißt, „die Fenster zur Welt aufzureißen". Die Zeit der Vorbereitung bis zur Eröffnung des Konzils am 11. Oktober 1962 haben wir im Priesterseminar in Freising interessiert verfolgt. Ein besonderes Erlebnis war es, wenn nach jeder Sitzungsperiode Kardinal Döpfner uns im Priesterseminar gleichsam aus erster Hand berichtete. In besonderer Erinnerung ist mir geblieben – es war gleichsam für mich ein „Aha"-Erlebnis – als Kardinal Döpfner uns das neue Kirchenverständnis des Konzils nahebrachte, was zu verstehen ist mit „sentire ecclesiam", nicht mehr „sentire cum ecclesia". Ein großes Erlebnis war für uns Seminaristen

auch der Eucharistische Weltkongress 1960 in München. Es war so etwas wie eine Vorausnahme des Geistes des Konzils. Noch nie vorher war es möglich, die Kirche als Weltkirche zu erleben und so große Gottesdienste zu feiern.
Stark wurden wir im Priesterseminar durch Dr. Rupert Berger geprägt. Er war dort unser Liturgiedozent. Es war für mich und unseren Kurs ein großes Erlebnis, mit Rupert Berger zum ersten Mal eine Gruppenmesse zu feiern.
Mit großer Erwartung gingen wir auf die Feier unserer Primiz zu. Wir waren froh und dankbar, dass wir einige Teile schon in der Muttersprache feiern durften. Natürlich waren alle Gesänge in Deutsch in Abwechslung Schola, Chor und Volk.
Freilich konnte damals niemand erwarten, das Hochgebet einmal in der Muttersprache zu sprechen. Ich erinnere mich noch genau, als ich 1967 zum ersten Mal den Kanon in Deutsch sprach. Die Kaplanszeit fiel in die Zeit des Umbruchs. Die Errichtung eines Altars zum Volk wurde damals mancherorts abgelehnt, ebenso die Beseitigung der sog. Kommunionbank.
Eine große Hilfe waren damals die sog. „Modellmessen", die Kardinal Döpfner an vielen Orten unserer Erzdiözese mit den Priestern und allen Verantwortlichen für die Liturgie feierte. Man muss zugeben, dass sich anfangs nicht nur Priester, sondern auch das gläubige Volk mit manchen liturgischen Erneuerungen schwer getan haben. Vieles wurde zu wenig erklärt, zu schnell eingeführt. Es hat auch lange gedauert, bis die entsprechenden liturgischen Bücher zur Verfügung standen. Wir haben anfangs bis etwa 1970 „selbst gestrickte" Texte verwendet.

Im Nachhinein fällt mir auf, wie grundlegend die Kirchenkonstitution „Lumen Gentium" war: Das neue Verständnis, was Kirche ist. Es war wirklich ein sog. „Perspektivenwechsel", wenn von der Kirche als Volk Gottes, vom Priestertum aller, von der Einheit und gleichen Würde aller Getauften die Rede ist.
Ich denke, dass es eine wichtige Aufgabe heute ist, die Grundintentionen des Zweiten Vatikanischen Konzils wieder klar zu sehen, um in der Welt von heute, die sich in den letzten Jahren so sehr gewandelt hat, und im Geist des Evangeliums die richtigen Antworten zu finden. Das Jubiläum sollte dafür ein wichtiger Anlass sein.

Odilo Lechner OSB

Rückkehr zum Ursprung und Anpassung an die veränderten Bedingungen der Zeit

Das Konzil – als es begann, war ich fast schon sechs Jahre Priester, als es zu Ende ging, hatte ich (1964) bereits die Abtweihe durch Kardinal Döpfner erhalten, bei der die erste Konzelebration in unserer Diözese stattfand. Zunächst war die Vorbereitung und der Ablauf des Konzils ein Ereignis, dass mehr als vorher und nachher Leben und Glauben der Kirche ins öffentliche Interesse rückte. Dass es da ganz verschiedene Erwartungen, Meinungen und Positionen gab, machte auch Fernstehende neugierig. Die verschiedensten Anliegen wurden aus der ganzen Welt zusammengetragen und wurden diskutiert. Viele der Vorentwürfe der vatikanischen Gremien wurden als unzureichend empfunden und neue Texte wurden von den aus aller Welt versammelten Bischöfen und ihren Beratern entworfen und zur Abstimmung gestellt. In den Medien wurden die Fragepunkte etwa durch den berühmten Pater Mario von Galli SJ kompetent dargestellt. Ergebnisse der Abstimmungen wurden mit Spannung erwartet.

Was war die Zielsetzung aller Beratungen? Eine Doppelbewegung: die Rückkehr zum Ursprung und die Anpassung an die veränderten Bedingungen der Zeit. So drückte es etwa das schon am 18. November 1965 beschlossene Dekret über das Ordensleben aus, das mich natürlich besonders interessierte. Mit einigem Unbehagen hatte ich bislang die durch das kirchliche Recht festgeschriebene Zweiklassengesellschaft im Kloster betrachtet. Da gab es die Patres, also die Priester und das Priestertum anstrebenden Mitbrüder, und die vielen sogenannten Laienbrüder, die ein Handwerk ausübten und oft strenger und frömmer lebten. Sie waren bei uns die Mehrheit, aber sie hatten kein Mitbestimmungs- und Wahlrecht. Auch der älteste und erfahrenste Laienbruder hatte seinen Platz erst nach dem jüngsten, eben eingetretenen Novizen, der das Priestertum anstrebte. Die ursprüngliche Regel des Heiligen Benedikt (der wohl selber Laie war) aus dem 6. Jahrhundert sah eine einzige Gemeinschaft der Gottsuchenden vor, in der es auch einige Priester gab. Durch das Dekret galt es nun als erstrebenswert,

dass auch in den Männerklöstern Kleriker und Laien „auf gleiche Weise und mit gleichen Rechten und Verpflichtungen“ (Perfectae Caritatis Nr. 15) zusammenleben sollten. So konnten nun unsere Brüder in den Kapitelsitzungen gleichberechtigt über die Zukunft des Klosters abstimmen und etwa einen neuen Abt wählen. Die ursprüngliche Verfassung erwies sich nun zugleich als dem heutigen Verständnis von der gleichen Würde aller Menschen entsprechend. Diese Veränderung wurde zugleich durch die Liturgiereform verstärkt, die für den Gottesdienst die Landessprache erlaubte. Wir hatten bisher zwei Chorkapellen, in denen die Patres das lateinische Stundengebet absolvierten und die Brüder ein kürzeres deutsches Offizium beteten. Nun konnten wir gemeinsam täglich Gott in den Psalmen preisen und für die Menschen beten. Eine mehrere Jahre in Anspruch nehmende, mühsame und zugleich schöne Aufgabe war es, in den einzelnen Klöstern und Sprachgruppen die rechte Weise zu finden, in der Landessprache zu singen und zu beten – zu einem den Gegebenheiten eines jeden Klosters entsprechenden Zeitpunkt im Tagesablauf.
Was hier unmittelbar in der klösterlichen Gemeinschaft zu erproben und zu gestalten war, galt natürlich auch für die ganze Kirche. Überraschend schnell waren auf die Liturgiekonstitution Ausführungsbestimmungen gefolgt, die zunächst Studienausgaben ermöglichten und dann 1969 das Neue Missale Romanum und 1976 das neue deutsche Messbuch. Es war eine gewaltige Änderung für die ganzen Kirche: So gab es jetzt drei Lesejahre mit Texten aus den vier Evangelien, dem Alten Testament und der Briefliteratur des Neuen Testamentes – der Tisch des Wortes Gottes war reicher gedeckt. Und alle liturgischen Texte waren nun auch in der Landessprache zu lesen. Die Reaktionen der Priester waren sehr verschieden. Vielen fiel es schwer, das Altgewohnte plötzlich beiseite zu lassen. Andere konnten gar nicht rasch genug die neuen Möglichkeiten erproben. Ich erinnere mich, wie ein alter und der geschichtlichen Tradition verpflichteter Mitbruder voller Stolz war, dass er als erster die neue Liturgie feierte. Ein anderer Mitbruder, der in der Jugendpastoral eher revolutionäre Schritte gewagt hatte, konnte auf einmal gar keinen Gefallen mehr finden an dem, was jetzt Vorschrift war, und blieb sein weiteres Leben bei der alten lateinischen Liturgie.

Das konziliare Anliegen – Rückkehr zum Ursprung und Heutigwerden (aggiornamento) – war schon lange von aufgeschlossenen Teilen ersehnt und angestrebt worden: da war die Bibelbewegung, die dem ganzen Volk den Reichtum der Bibel erschließen wollte, die Liturgische Bewegung, die die Erforschung der vielfälti-

gen frühchristlichen Liturgien für die Gegenwart fruchtbar machen wollte, die Ökumenische Bewegung, die die Vielfalt in der Einheit der frühen Christenheit in Erinnerung rief, die missionarischen Bestrebungen, die an die Sendung der ganzen apostolischen Gemeinde anknüpften.
So betonte die Kirchenkonstitution die Würde des ganzen Gottesvolkes, die aktive Teilnahme am Gottesdienst, die gemeinsam Darbringung des Herrenopfers und das gemeinsame Mahl und die gemeinsame Verantwortung für die christliche Gestaltung der Welt.
Wichtig war für mich das Dekret über die Religionsfreiheit (Dignitatis Humanae). Es war ja auch am meisten umkämpft und erst 1965 verabschiedet worden. Der erste Entwurf von 1962 war noch von der kirchlichen Auffassung des 19. Jahrhunderts ausgegangen: in einem mehrheitlich katholischen Staat hätten Andersgläubige kein Recht, ihren Glauben öffentlich zu bekennen. Das Recht der Wahrheit stand über dem Recht der Menschen auf Freiheit. Nun aber wird betont, dass der Ruf Gottes zwar im Gewissen verpflichtet, aber nicht zwingt. In Treue zur Wahrheit des Evangeliums tritt die Kirche dafür ein „dass der Grundsatz der religiösen Freiheit der Würde des Menschen und der Offenbarung Gottes entspricht". Es wird zugestanden, dass im Wechsel der Geschichte der Kirche eine Weise des Handelns vorgekommen sei, „die dem Geist des Evangeliums wenig entsprechend, ja sogar entgegengesetzt war" (Dignitatis Humanae Nr. 12). Hier wurde deutlich, dass es auch in der Kirche wie in der ganzen Menschheit Fortschritte in der Erkenntnis der Wahrheit gibt, aber auch Fehlentwicklungen, die der Korrektur, der Reform bedürfen.

Den konziliaren Aufbruch verkörperte für mich besonders Julius Kardinal Döpfner. Manchmal besuchte er mit Kardinal Alfrink und Kardinal Suenens, die mit ihm das Konzil moderierten und zu Besuch in München waren, auch unser Kloster Andechs. Im Priesterrat und überall spürte man sein Anliegen, das Konzil bei uns umzusetzen. Sein besonderer Einsatz galt als Vorsitzender der Deutschen Bischofskonferenz, die Einheit in der vielfältigen Lebendigkeit in der deutschen Kirche zu wahren. Mit Einsatz aller Kräfte hat er dies auf der Gemeinsamen Synode der Bistümer in der Bundesrepublik Deutschland (Würzburger Synode, 1971-1975) erreicht. Das Dokument über die Hoffnung weist als Wege in die Zukunft: Nachfolge des Gekreuzigten, Armut, Freiheit und Freude. Dies bleibt Weisung für die ganze Kirche, nicht nur für die deutsche.

Hans Maier

Die Probleme der Kirche haben mich nicht mehr losgelassen

Ich habe den Anfang des Zweiten Vatikanischen Konzils 1962 als gerade frisch berufener Professor in München miterlebt. Mehrere Persönlichkeiten des Konzils kannte ich aus dem Studium, oder ich lernte sie in den folgenden Jahren kennen: Kardinäle wie Augustin Bea, Julius Döpfner, Léon-Joseph Suenens und Jan Willebrands, Theologen wie Yves Congar, Hubert Jedin, Hans Küng, John Courtney Murray, Karl Rahner und Joseph Ratzinger. Mit Karl Forster, dem verdienten Leiter der Katholischen Akademie in Bayern, durften meine Frau und ich im Oktober 1965, in der Endphase des Konzils, als Gäste an einer Plenarsitzung der römischen Versammlung teilnehmen. Wir hörten zahlreiche Beiträge, jeweils begrenzt auf fünf Minuten, in einem abwechselnd italienisch, französisch, slawisch, deutsch oder angelsächsisch gefärbten Latein. Die Weltkirche diskutierte in der Peterskirche, lebhaft und manchmal lautstark, nicht selten polemisch, aber auch mit Verständnis, Weitblick und Kompromissbereitschaft. Es ging ganz zu wie in einem realen Parlament. Über 2000 Väter saßen in der Konzilsaula mit Stimm- und Rederecht. Ein Sakristeiraum diente als Kaffee-Bar und Lobby. Unter den evangelischen Konzilsbeobachtern am Eingang war auch der Theologe Edmund Schlink – der Vater von Bernhard Schlink.

Die Probleme der Kirche haben mich auch in späteren Jahren nicht losgelassen. Ich sage immer: Das Grundgesetz hat mich geprägt als Staatsbürger – das Zweite Vatikanische Konzil als Kirchenbürger. Was die Umsetzung des Konzils betraf, ist für mich die Gemeinsame Synode der Bistümer in der Bundesrepublik Deutschland (Würzburger Synode) das prägende Ereignis. An ihrer Vorbereitung und Durchführung war ich aktiv beteiligt. Gemeinsam mit Walter Kasper (damals Professor in Münster) trug ich am 28. März 1969 vor der Vollversammlung des Zentralkomitees der deutschen Katholiken erste Überlegungen zu einer Neuverfassung des deutschen Katholizismus nach dem Konzil vor (Kasper referierte über „Ort und Funktion der Seelsorge- und Laienräte in der Kirche"). Die Synode hat den deutschen Katholizismus in eine neue Form gebracht, indem sie synodale Elemente an wichtigen Stellen einführte: am umfassendsten bei den Strukturen der Mitverantwortung in Pfarreien, Dekanaten und Diözesen und – von nicht zu unterschätzender Bedeutung – durch die Schaffung einer „Gemeinsamen Konferenz" zwischen der Deutschen Bischofskonferenz und dem Zentralkomitee der deutschen Katholiken. Das Konzil war durch die Gemeinsame Synode „übersetzt", es war – in Bernhard Hansslers Worten – „eingedeutscht" worden. Die Synode konnte sich bei dieser Transmission nicht nur auf den „Geist", sondern auch auf den Buchstaben des Konzils berufen. Hatte dieses doch nicht nur allgemein ein engeres Zusammenwirken der Christgläubigen ekklesiologisch angemahnt, sondern mit dem Hinweis auf Synodalstrukturen und der Forderung nach Einführung von Räten auch konkrete Wege zur Realisierung gewiesen. Die auf der Synode gefundenen Grundstrukturen haben sich inzwischen in einer bald vierzigjährigen Praxis in Deutschland bewährt.

Von den Aussagen des Zweiten Vatikanischen Konzils ist vielleicht am interessantesten die in der Pastoralkonstitution „Gaudium et Spes" betonte „Eigengesetzlichkeit der irdischen Sachbereiche", die „iusta terrenarum rerum autonomia" (Gaudium et Spes Nr. 36). Hier kam nicht nur die moderne Welt, die Säkularisierung, der Pluralismus in den Blick – es wurden auch die geeigneten Instrumente für den Umgang mit den Gegebenheiten der Zeit benannt: das „Aggiornamento" (Erneuern, Auf-den-heutigen-Stand-Bringen), das Prinzip des dialogischen Umgangs mit den Partnern innerhalb und außerhalb der Kirche, endlich das Erkennen der „Zeichen der Zeit" (signa temporum). Wir lernten: der Christ war von Haus aus nicht klüger als seine nichtchristlichen Zeitgenossen; er musste sich mit ihnen redlich auseinandersetzen im Kampf um brauchbare, von allen vertretbaren Lösungen. Wenn das in voller Breite in der ganzen Kirche geschieht, besteht Aussicht, dass sich der Glaube „in der Zeit" verleiblichen – und damit wirklich „Fleisch annehmen" kann. Das Erkennen der inneren Gesetzlichkeiten des politischen Lebens hatte am Anfang des persönlichen Engagements zu stehen – das war für mich eine der wichtigsten Botschaften, die das Konzil dem Laienapostolat vermittelte. Christen, so meine ich, dürfen sich daher auch kein hochmütiges Nein erlauben gegenüber weltlichen Einrichtungen, wie es Verbände und Räte, Rechtssätze und Wahlordnungen sind. Sie müssen auch hier den Eigenstand der Welt ernst nehmen – der demokratischen Welt, in der

die Kirche heute lebt. Nur dann können sie mit ihren schwachen Kräften und im Bewusstsein eigener Unzulänglichkeit das bewirken, was die Kirchenkonstitution des Zweiten Vatikanischen Konzils den Laien als „ehrenvolle Bürde" auferlegt: „dafür zu wirken, dass der göttliche Heilsratschluss (divinum salutis propositum) mehr und mehr alle Menschen aller Zeiten und überall auf der Erde erreiche" (Lumen Gentium Nr. 33).
Damit verbunden ist ein weiterer Auftrag, den heute in Erinnerung zu rufen mir immer wichtiger wird: Kleriker, Laien und Ordensleute sollen sich *gemeinsam* um die christliche *Weltsendung* bemühen. Man darf dabei nicht in die alte Ein-Förmigkeit zurückfallen, wie sie noch das Zeitalter der „Katholischen Aktion" beherrschte: Laienhandeln verstanden ausschließlich als „verlängerter Arm des Amtes"; christliche Weltaktivität nur als „Umsetzung" und Durchführung eines von Anfang an feststehenden, nicht eines durch die Probe von Versuch und Irrtum gegangenen lehrmäßigen Programms.

Wenn ich auf die aktuellen kirchlichen Diskussionen blicke, dann fällt mir auf: Es wiederholen sich immer wieder die alten Positionen aus den „Sturmjahren" zwischen dem Ende des Konzils und dem Beginn der Synode. Auch damals, in den sechziger und siebziger Jahren des vergangenen Jahrhunderts, waren die Texte des Konzils für viele ein kräftiger Anstoß, für manche aber auch eine „Rede hart zu hören"; auch damals überlegten einige, ob es nicht einfacher sei, in die behütete Welt der alten „kirchlichen Stände" zurückzukehren. Mich ärgert es, wenn manchmal von konservativer Seite der Vorwurf geäußert wird, Reformer beriefen sich allzu leicht und pauschal auf den so genannten *Geist des Konzils*. Demgegenüber – so ihre Mahnung – müsse man sich an die *Texte* halten und den konziliaren Geist *in ihnen* suchen. Nun, eben das habe ich all die Jahrzehnte in meinem kirchlichen Engagement zu tun versucht. Mir war es immer ein großes Anliegen, mich an die Texte des Zweiten Vatikanischen Konzils zu halten. Ich kann daher die halblaute Frage nicht ganz unterdrücken: Können denn diejenigen, welche die gewachsenen Strukturen kirchlicher Räte beseitigen oder beschneiden wollen, behaupten, sie hielten sich an die Texte des Konzils? Verleugnen sie diese nicht in Wahrheit? Negieren sie nicht die Beschlüsse der Gemeinsamen Synode – Beschlüsse, die eine legitime Auslegung des Konzils für Deutschland darstellen?

Reinhard Kardinal Marx

Das Zweite Vatikanische Konzil gehört zu meinem Leben

Ich habe zum ersten Mal vom Zweiten Vatikanischen Konzil gehört, als ich mich als Kind auf die Erste Heilige Kommunion vorbereitet habe. Wir haben als Kommunionkinder 1962/1963 für die Konzilsväter gebetet, und so gehört das Konzil in gewisser Weise schon zu meinen Kindheitserinnerungen.

In den Jahren nach dem Konzil gab es aber schon bald auch Irritationen und Missverständnisse. Als Ministrant gehörte ich eher zu den Konservativen, die über manche Veränderungen in der Liturgie nicht sehr glücklich waren. Gott sei Dank hatten wir einen geistlich beeindruckenden Pfarrer, der seit dem Jahr 1969 – jedenfalls in unserer Pfarrei – die guten Traditionen pflegte und sich gegen den weit verbreiteten Bildersturm wehrte. Allerdings habe ich auch in der Jugendarbeit wirklich Gottesdienste erlebt, die einfach nur schrecklich waren.

Mit 16 Jahren begann ich dann, die Texte des Konzils zu lesen, und ich war begeistert und beeindruckt. Diese großen Dokumente sind für mich auch während des Studiums und bis heute entscheidende theologische Orientierungen geblieben.

In den Jahren nach dem Konzil wurde aber auch bald deutlich, dass es eine sehr unterschiedliche Rezeptionsgeschichte gab und eben bis heute gibt. Die Texte, die eigentlich die Einheit der Kirche zum Ausdruck bringen wollen, führen immer wieder zu unterschiedlichen Interpretationen, und deswegen ist es gut, im Jubiläumsjahr zu einer intensiven Relecture der großen Dokumente des Konzils einzuladen. Manche sagen ja heute, das Konzil sei noch nicht eingelöst, aber ich bin der Überzeugung, es ist auch theologisch von vielen in der Kirche noch nicht verstanden und in seiner Tiefe rezipiert worden. Oft genug wurde der „Geist des Konzils“ gegen die Texte des Konzils ausgespielt.

Jedenfalls habe ich die Jahre nach dem Konzil nicht nur als eine Zeit des Aufbruchs erlebt – das waren sie sicher auch –, sondern auch als eine Zeit des Umbruchs, in der vieles auf der Strecke blieb, was mir als Jugendlichem und Theolo-

giestudenten wichtig war. Reform, so schien mir, wurde zu leicht mit Abschaffen, Erleichtern und Anpassung an die Zeit verwechselt.
Erst durch mein intensives Studium der Konzilstexte habe ich die geistliche und theologische Herausforderung des Konzils verstanden. Und seitdem ist und bleibt das Zweite Vatikanische Konzil für mich eine feste Leitplanke für den Weg der Kirche in die Zukunft. Vor allem hat mir immer wieder der Blick auf Johannes XXIII. geholfen, auf seine Zuversicht, auf seine tiefe Spiritualität, seinen Sinn für die große Tradition in der Kirche, seine Menschenfreundlichkeit. Seine Eröffnungsansprache am 11. Oktober 1962, die ich als Oberstufenschüler zum ersten Mal gelesen habe, hat mich sofort unmittelbar berührt und mir in gewisser Weise einen Schlüssel für das Verständnis des Konzils an die Hand gegeben.

Vielleicht kann eine Rezeptionsgeschichte eines Konzils in der ersten Phase nur kontrovers verlaufen. Es braucht Zeit, theologische Vertiefung und vor allem geistliche Neuorientierung, um das, was der Heilige Geist mit den Konzilsvätern „angestellt hat", wirklich zu *be*-greifen und zu *er*-greifen. Deswegen wehre ich mich auch gegen alle, die das Konzil kritisieren oder es mitschuldig machen wollen am vermeintlichen Niedergang der Kirche. Es geht vielmehr darum, die Botschaft des Konzils für heute neu zu lesen, vor allem die großen Dokumente über die Kirche, über die Offenbarung, über die Liturgie und über die Sendung der Kirche in der Welt von heute.
Ich hoffe sehr, dass das Konzilsjubiläum auch ein Weg wird, um die Spannungen und Polarisierung in der Kirche zu überwinden, denn alle sind ja eingeladen und auch verpflichtet, sich an diesen großen Texten zu orientieren. Das ist ja auch das Anliegen des Heiligen Vaters, der ja wirklich einer der besten Kenner der Dokumente des Konzils und des Konzilsgeschehens selbst ist. Seine Ansprache an die Kardinäle aus dem Jahr 2005 hat der positiven Rezeptionsgeschichte des Konzils noch einmal einen Schub gegeben, wenn er davon spricht, das Konzil nicht zu verstehen in einer „Hermeneutik des Bruches", sondern im Kontext der ganzen Geschichte der Kirche in einer „Hermeneutik der Erneuerung".
Ich habe nie akzeptieren können, dass man die vorkonziliare Kirche nur negativ beschrieb und die Nachkonzilskirche wie etwas völlig Neues darstellte. Deshalb kommt es in den kommenden Jahren darauf an, nicht nur Rückschau zu halten, sondern mit den großen Aussagen des Zweiten Vatikanischen Konzils voran zu schreiten. Die jetzt anbrechenden Jahre des Konzilsjubiläums sind dafür eine große Chance.

Peter Neuhauser

„Gebt Rechenschaft von eurer Hoffnung" (1 Petr 3,15)

Heute sehe ich noch die „halbe Bier" vor mir in Weihenstephan, bei der ich mich entschied, das Priesterseminar wieder zu verlassen. In dieser monolithischen Kirche auf dem Domberg mit 180 Mann, davon die Hälfte Colarträger sah ich keinen Platz für mich. Drei Studenten gesellten sich zu mir. Wir kamen ins Gespräch und es stellte sich heraus, dass sie ebenfalls ins Priesterseminar eingetreten waren und die gleichen Gefühle hegten wie ich. Aus der kleinen Gruppe entstand ein Freundeskreis, in dem viel diskutiert wurde, frohe Stunden erlebt und der Aufbruch zu Beginn des Konzils wie frische Luft bei offenem Fenster eingesaugt wurde. Was Papst Johannes XXIII. symbolisch ausdrückte, spürten wir bis in die letzten Lungenfasern. Dazu hatten wir das Glück oder besser den Segen Gottes, dass Dozenten und Professoren aus der Liturgischen Bewegung uns die Möglichkeit eröffneten, den Geist konziliarer Theologie zu entdecken. Wir lasen Rahner, stritten über die Entmythologisierung Bultmanns und kümmerten uns wenig um die ideologische Hausordnung.

Noch dazu leitete damals Julius Kardinal Döpfner, Moderator beim Konzil, unsere Erzdiözese. Nie vergesse ich den ersten Satz, den er zu mir als jungen Erstsemester sprach: „Sie sind doch der Priesteramtskandidat, der als einziger einen Anorak auf dem Passbild trägt. Mir ist der Anorak auch immer lieber gewesen wie die Cappa magna." Bei seinen Besuchen im Seminar erzählte er von den Sitzungen des Konzils aus erster Hand. Wir waren fasziniert von den neuen Impulsen, die von den offenen Diskussionen der Konzilsväter ausgingen und ihren Niederschlag z. B. in der Kirchenkonstitution (Lumen Gentium) und in der Pastoralkonstitution (Gaudium et Spes) fanden.

Der Wind des Konzils beflügelte uns junge Kapläne zu allen möglichen Experimenten in der Jugendseelsorge und zu heftigen Diskussionen mit der vorkonziliaren Generation. Was sich in der Kirche entwickelte, wurde unterstützt vom gesellschaftlichen Aufbruch in den 68er Jahren. Stundenlang stritten wir als Studentenpfarrer mit den linken Studentengruppen. Ich empfand diese Zeit ungeheuer spannend. Noch heute lebe ich von der Begeisterung und der kreativen Kraft dieser Jahre, wobei ich Fehlentwicklungen nicht verschweigen möchte. Die Würzburger Synode von 1971-1975, an der ich als gewähltes Mitglied aus unserer Erzdiözese teilnehmen durfte, hatte wohl als wichtigstes Ergebnis, dass alle Gruppen und Bewegungen der Kirche im Glauben ins Gespräch kamen und sich gegenseitig respektieren lernten. Das Motto „Gebt Rechenschaft von eurer Hoffnung“ aus 1 Petr 3,15 b gehört zu meinem Lebensmotto.

Peter Neuner

Von der Kontinuität zum Neuansatz

Zeitzeuge des Konzils bin ich nur sehr indirekt. Ich habe während der Jahre des Konzils in München studiert und das Konzil hat unseren Studienplan gehörig durcheinander gebracht. Mehrere unserer Professoren, allen voran der Dogmatiker Michael Schmaus und der Kanonist Klaus Mörsdorf, waren über Monate hinweg beim Konzil. Andere Dozenten übernahmen deren Vorlesungen an der Uni oder die Vorlesungszeiten wurden anderen Fächern zugewiesen. Wenn die Konzilstheologen wieder im Lande waren, holten sie die Vorlesungen nach, so dass Schmaus dann über Wochen hinweg seine Hauptvorlesung wöchentlich acht- oder zehnstündig hielt. Das war anstrengend, für die Professoren ebenso wie für uns als Hörer.

Was wir als Studenten damals nicht wussten: Kardinal Döpfner hatte zunächst den Fundamentaltheologen Heinrich Fries gebeten, ihn als Konzilstheologen nach Rom zu begleiten. Doch Fries lehnte ab. Er war besorgt, diese Berufung könnte Spannungen in die Fakultät hineintragen und die älteren Professoren würden es nicht verstehen, wenn er als eines der jüngsten Mitglieder des Kollegiums den Vorzug erhalten sollte. Und solche Kontroversen wollte Fries möglichst vermeiden. Später hat er diese Entscheidung allerdings bereut. Andere, noch jüngere Theologen waren nicht so zurückhaltend. Für uns als Studenten bedeutete dies, dass der Vorlesungsbetrieb im Fach Fundamentaltheologie nicht beeinträchtigt wurde, und das sollte für mich persönlich wichtig werden, wurde doch Heinrich Fries mein Doktorvater und späterer Chef, mit dem ich als Assistent und Habilitand über mehr als ein Jahrzehnt hindurch eng zusammenarbeiten durfte. Die ersten Vorlesungen jeweils nach den Konzilssessionen waren Höhepunkte des Studiums, wenn die Professoren über die neuesten Entwicklungen im Konzil berichteten. Besonders interessierten natürlich Berichte über die Kontroversen zwischen der eher progressiven Gruppe um die deutschsprachigen und die französischsprachigen Bischöfe und ihre Theologen und den weithin konservativ

ausgerichteten Italienern und Spaniern, aber auch über die Spannungen innerhalb dieser Gruppen, etwa zwischen Schmaus, Rahner, Ratzinger und Küng. Konkrete Folgen des Konzils zeigten sich zunächst in der Liturgiereform. Muttersprache, Gemeinschaftsorientierung, Umgestaltung des Altarraums in vielen Kirchen, Zurücktreten feierlicher Orchestermessen - das ist zunächst am deutlichsten aufgefallen. Als ich 1966 meine Primiz als Gemeinschaftsmesse mit Volksgesang feierte, war der verdiente Leiter des Kirchenchors meiner Heimatpfarrei sehr enttäuscht. „Das ist keine richtige Messe" war sein Urteil. Der Begriff „Messe" war für ihn mit Chor und großem Orchester verbunden. Als junge Kapläne waren wir dann vielleicht manchmal etwas bilderstürmerisch, kritisierten die Gepflogenheiten und Volksbräuche schon deshalb, weil sie überkommen waren und träumten von einer Kirche der Zukunft. Und die Erwartungen an diese Zukunft waren weit gespannt.
Enttäuschungen konnten nicht ausbleiben, und sie kamen knüppeldick. Höhepunkt war die Enzyklika „Humanae vitae", die uns jungen Seelsorgern geradezu den Boden unter den Füßen wegzog. Wir erlebten aus der Ferne, wie in den Niederlanden höchst konservative Bischöfe ernannt wurden, die die Neuerungen des Konzils zu neutralisieren und die Aufbrüche unschädlich zu machen suchten. Besonders bewegt hat uns junge Theologen in der Folgezeit die Verurteilung der südamerikanischen Theologie der Befreiung, auf die wir große Hoffnungen gesetzt hatten, nicht allein, weil sie ein neues Kirchenbild von den Basisgemeinde her propagierte, sondern auch die Mündigkeit der Laien anstrebte und ihnen, die bislang weithin Objekte kirchlicher Betreuung gewesen waren, eine Stimme zu geben suchte. Zu den Enttäuschungen gehörte auch, dass man die Diskussion um den priesterlichen Zölibat weithin erstickte. In den kirchenamtlichen Verlautbarungen wurde zwar eingeräumt, dass viele herkömmliche Gründe für den Zölibat nicht tragfähig seien und dass man eine bessere Begründung brauche. Doch diese blieb aus und Argumente wurden mehr und mehr durch Durchhalteparolen ersetzt, besonders dann, als absehbar wurde, dass mittelfristig durch den Priestermangel die überkommene Seelsorgs- und Pfarrstruktur in Frage gestellt sein würde. Es waren Jahre, in denen Enttäuschungen dominierten und enttäuschte Hoffnungen schmerzen. Zahlreiche Pfarrer und Kapläne haben in diesen Jahren das kirchliche Amt aufgegeben oder mussten es verlassen.

Die Rezeption eines Konzils ist immer eine langwierige Angelegenheit, Mentalitätsgeschichte muss in großen Zeiträumen denken. Im Grunde ist es erstaunlich,

dass die Kirche als Volk Gottes die Neuerungen, die das Konzil gebracht hat, so positiv aufgenommen hat, obwohl sie noch kurz zuvor feierlich verurteilt und ihre Vertreter kirchenamtlich gemaßregelt worden waren. Es waren kleine Randgruppen, die sich den Konzilsbeschlüssen verweigerten und die Sehnsucht nach der alten Liturgie, die manche hegten, für einen Generalangriff auf das Konzil und seine Rechtgläubigkeit nutzten. Im Nachhinein finde ich es erstaunlich, dass die Gemeinden bereit waren, diese als tiefgreifend empfundenen Neuerungen anzunehmen, wo sie doch in der Überzeugung groß geworden waren, dass im religiösen Leben immer alles beim Alten bleibe und Reform in der katholischen Kirche ein Fremdwort zu sein schien. Die Grundentscheidungen des Konzils sind heute jedenfalls unumkehrbar: Das Verständnis der Kirche als Volk Gottes, in dem alle, unbeschadet unterschiedlicher Dienste und Charismen, einander gleich sind und die gleiche Würde haben, die Öffnung hin zur Ökumene, zum Dialog mit den Religionen, die Betonung der Religionsfreiheit. Das sind Errungenschaften des Konzils, die inzwischen im Volk Gottes fest verwurzelt sind.
Im Augenblick wird intensiv darüber diskutiert, wie die Texte des Konzils recht interpretiert werden müssen: vom Konzil von Trient und dem Ersten Vatikanischen Konzil her und diese bestätigend – oder im Sinne eines Neuansatzes, der bei aller Kontinuität doch auch einen Bruch mit manchen Verlautbarungen des kirchlichen Lehramts im 19. und frühen 20. Jahrhundert darstellte. Von besonderem Gewicht scheinen mir Aussagen des Konzils zu sein, in denen die Kirche über ihren eigenen Schatten gesprungen ist und sich in Neuland wagte: Die Kapitel der Kirchenkonstitution über die Kirche als Mysterium und als Volk Gottes, die Formulierung, dass Laien am Apostolat der Kirche selbst teilhaben und nicht nur von den Bischöfen dazu delegiert sind, dass sie Anteil haben am priesterlichen, königlichen und prophetischen Amt Christi und der Kirche. Neue Wege hat das Konzil eröffnet im ökumenischen Bereich, indem es nicht mehr eine exklusive Identifizierung der Kirche Jesu Christi mit der römisch-katholischen Kirche vertrat und folglich nicht nur von getrennten Brüdern (und Schwestern) sprach, sondern auch deren Gemeinschaften, in denen diese ihren Glauben leben, als Kirchen und kirchliche Gemeinschaften würdigte. So konnte sich die katholische Kirche auch der Ökumenischen Bewegung öffnen. Besonders ins Auge springen die Aussagen des Konzils zur Religionsfreiheit, die mit der Würde der menschlichen Person begründet wird. Das Konzil argumentierte hier nicht mehr mit dem Recht der Wahrheit und dem Unrecht des Irrtums, sondern ging aus von der Würde des Menschen, in der die Religionsfreiheit gründet,

und die auch dann unverletzlich bleiben muss, wenn der Einzelne irren sollte. Die vielleicht wichtigste Neubesinnung des Konzils stellt die Pastoralkonstitution über „Die Kirche in der Welt von heute" (Gaudium et Spes) dar. Der Text bezeichnet sich als Konstitution. Das Konzil zeigt damit, welche Bedeutung es diesem Dokument geben wollte. Konstitutionen sind Entscheidungen mit höchster Verbindlichkeit: Die Verfassung von Staaten, in der katholischen Kirche die Dogmen. Das Konzil hat in dieser Pastoralkonstitution als sein Leitmotiv formuliert: „In der Welt von heute". Kirche definiert sich in diesem Dokument in ihrer Relation zur Welt, und zwar zur konkreten Welt mit ihrer Freude und Hoffnung, ihrer Trauer und Angst. Man hat diesem Text manchmal vorgeworfen, er sei allzu optimistisch und spiegle den Fortschrittsglauben der 1960er Jahre des vergangenen Jahrhunderts wieder, der inzwischen der Vergangenheit angehört. Vielleicht ist dieser Einwand richtig, aber das Konzil wollte eben nicht zu einer nur ideellen oder fiktiven Welt sprechen, sondern zur Welt von heute, so wie sie damals war, auch mit all ihren Unzulänglichkeiten. Dass sich die Welt in den fünf Jahrzehnten seit dem Konzil erheblich verändert hat, ist offensichtlich. Dann aber muss sich die Kirche, wenn sie dem Konzil treu bleiben will, ein halbes Jahrhundert später dieser geschichtlichen Entwicklung stellen und für die Welt von heute und im Rahmen der vielfältigen Kulturen und Herausforderungen die christliche Antwort auf die Fragen der Menschen zu geben suchen. Dass sich die Kirche definiert hat in ihrer Relation zu einer sich verändernden Welt, ist die vielleicht deutlichste Herausforderung, die das Konzil formuliert hat. Diese Aufgabe ist nie abgeschlossen und wir müssen uns ihr heute ebenso stellen, wie es die Konzilsväter vor einem halben Jahrhundert in ihrer Glaubenszuversicht mit großem Mut gewagt haben.

Georg Rieß

Die Kirche schien mir von gestern zu sein

Für mich als Juristen ist ein Zeuge eine Person, die über eigene Wahrnehmungen aussagen soll, also über Tatsachen oder Zustände, wie sie sie zur Zeit des Ereignisses wahrgenommen hat. Sie ist damit begriffsnotwendig Zeitzeuge. So genannte Zeitzeugenberichte in historischen Betrachtungen dienen aber nicht einer Beweisführung, sondern mehr der Vermittlung eines Stimmungsbildes aus dem Lebensbereich des Zeugen zu einer bestimmten Zeit. Dabei berichtete Geschehnisse aus dem Umfeld des Zeugen unterliegen nicht dem Zwang der Objektivierung, sondern erhalten die äußerst subjektive Färbung der persönlichen Perspektive des „Zeitzeugen".

Wenn ich hier also über meine frühen Begegnungen mit dem Zweiten Vatikanischen Konzil erzähle, dann wird dies notwendigerweise ein Rückblick eines Menschen, der bereits 50 Jahre mit der Konzilsgeschichte gelebt hat, auf einen frühen Abschnitt seines Lebenslaufes unter dem Aspekt kirchlicher Bindung.

Als das Konzil am 11. Oktober 1962 eröffnet wurde, war ich genau 11 Tage als Panzerschütze in der Grundausbildung bei der Bundeswehr. Der Weg in eine „neue Freiheit", von der ich nach der Enge des Elternhauses als „stolzer" Abiturient geträumt hatte, schien damit für die ersten 18 Monate etwas holprig zu beginnen. Doch die allmählich ziemlich langweilig gewordene Welt der Ministrantenrunden und Jugendgruppen lag hinter mir und niemand schickte mich mehr am Sonntag in die Kirche oder ermahnte mich doch „Sünden zu fürchten" und nicht so „glaubenslos daher zu reden", wenn ich einmal den Pfarrer oder eine andere kirchliche Instanz kritisierte. Ich ging zu dieser Zeit zwar noch immer regelmäßig zur Sonntagsmesse, aber mehr, weil dies für einen Rekruten den einzigen erlaubten Ausgang aus der Kaserne bedeutete. Zu dieser Zeit bekam ich vom laufenden Konzil nicht mehr mit als jeder normale Kirchgänger. Mir war zwar bereits in der Oberstufe im Gymnasium das „Aggiornamento" von Papst Johannes XXIII. als Zeichen einer gewissen Hoffnung in der Kirche ein Begriff und auch das Bild vom Aufstoßen der Fenster in der Kirche für einen „neuen Wind“ berührte mich, aber Konsequenzen daraus für mich auf meinem Weg zur „Befreiung“ sah ich nicht.

Unsere Kirche schien mir so von gestern zu sein, dass ich an ein Heute oder Morgen dieser Kirche gar nicht glauben konnte. Als ich als junger Ministrant das „Confiteor“ und das „Suscipiat“ beherrschte, war ich stolz auf das Latein. Doch später fragte ich mich immer häufiger, wie die Gläubigen hinten in ihren Kirchenbänken – und es waren nicht nur Alte – ständig in ihrem Gebetbuch blätternd, das in meiner Diözese „Laudate“ hieß, die Eucharistie mitfeierten. Nie habe ich verstanden, warum wir Ministranten zusammen mit dem Pfarrer eine junge Mutter nach ihrer Entbindung an der Kirchentür abholen mussten, um sie wieder in die Kirchengemeinde zurückzuführen. Ehrlicherweise habe ich mich damals auch ziemlich wenig um Erklärungen dafür bemüht. Damals schien es nur eine Frage der Zeit zu sein, wann ich die eingeübten täglichen Gebete endgültig aufgebe und die Kirchenbesuche auf meine Heimataufenthalte beschränke. Einem Studenten winkten ganz andere „Freizeitgestaltungsmöglichkeiten“.

Doch mein Studentenleben in München entwickelte sich dann doch etwas anders. Ich wurde Mitglied in einer katholischen farbentragenden Verbindung und fand Unterschlupf in einem von katholischen Schwestern geleiteten Studentenwohnheim. Der gute Kontakt, der verbunden war mit der fürsorglichen Vermittlung von Heimatliebe, aber auch von Sportkenntnissen verschiedenster Art, mit dem – allerdings wie damals in der Erziehung nicht unüblich – in der Schule Schläge austeilenden Heimatpfarrer, hatten die religiöse Standfestigkeit des jungen Ministranten einst stark gefördert. Nun sorgte eine gewisse Fürsorge des geistlichen Betreuers unserer Studentenverbindung, nämlich von Prof. Dr. Vinzenz Hamp – dem bekannten Übersetzer des Alten Testaments – wieder für neue „Korsettstangen“ für ein zeitgemäßes Leben mit der Religion. Als gelegentlicher Ministrant bei Prof. Hamp („Onkel Vinzenz“) – der mir dabei ein neues Verständnis von Liturgie vermittelte –, aber auch als Diskussionsredner in der von dem vorbildlichen Studentenpfarrer Pater Schmidkonz betreuten Katholischen Hochschulgemeinde, wo ich mich mit Vertretern des StAkK – dem studentischen Arbeitskreis kritischer Katholizismus – auseinandersetzte, bekam meine Gläubigkeit wieder ein tragfähigeres neues Fundament, das mir in den nun beginnenden Auseinandersetzungen der sogenannten 68er die notwendige Selbstsicherheit gab.

Mit den Inhalten und Ergebnissen des inzwischen beendeten Zweiten Vatikanischen Konzils beschäftigte ich mich damals nicht gerade nachhaltig, wenngleich der Geist des Konzils in den kirchlichen Kreisen, in denen ich verkehrte, allgegenwärtig war. Eine besondere Rolle spielte für mich – und wie ich meine für viele sog. praktizierende Katholiken in meinem Umfeld – die Liturgiereform. Schon die Reform der Heiligen Woche durch Papst Pius XII., die ich noch als Dorfministrant erlebte, empfand ich damals als einen unbeschreiblichen Fortschritt in der Kirche. Karfreitags- und Osternachtsliturgie waren plötzlich verständlicher. Mit der Auferstehungsfeier begann der Osterjubel und die Fastenzeit war dann auch vorbei. Die Liturgiereform des Konzils, die uns auch den Gebrauch der Muttersprache in unseren Messfeiern zugestand, beseitigte nicht nur eine häufig bestehende „Wand" zwischen Priester und Gläubigen bei der Eucharistiefeier, sondern wurde von mir wie vielen anderen als deutliches äußeres Zeichen dafür gesehen, dass doch Ernst gemacht wird mit Veränderungen in unserer Kirche. Man schien sich zu kümmern um eine der schwierigsten Grenzziehungen, unter der meines Erachtens in unserer Kirche recht häufig gelitten wird, nämlich zwischen „Zeichen der Zeit" und simplem „Zeitgeist".

Auf meiner vorgenannten Einstellung beruht wohl auch die Auswahl der von mir bevorzugten Konzilstexte. Mit „Gaudet Mater Ecclesia" (Es jubelt die Mutter Kirche) begann Papst Johannes XXIII. seine Eröffnungsansprache am 11. Oktober 1962 und führte dabei aus, dass das kirchliche Lehramt vorgestellt werden soll, „indem es den Irrtümern, den Notwendigkeiten und Chancen unserer Zeit Rechnung trägt". Und im weiteren Text heißt es dann auch: „Damit diese Lehre die vielfältigen Bereiche des menschlichen Wirkens erreicht, (...) muss sie auch der Gegenwart Rechnung tragen, die neue Umweltbedingungen und neue Lebensverhältnisse geschaffen und dem katholischen Apostolat Wege geöffnet hat."
Es liegt wohl nun nahe, dass auch Nr. 4 aus der Einführung in die Pastoralkonstitution „Gaudium et Spes" zu meinen Lieblingssätzen gehört. Dort heißt es: „Zur Erfüllung dieses ihres Auftrags obliegt der Kirche allzeit die Pflicht, nach den Zeichen der Zeit zu forschen und sie im Licht des Evangeliums zu deuten."
Konsequenterweise ist für mich auch der Satz aus dem Dekret über das Laienapostolat „Apostolicam Actuositatem" im ersten Kapitel unter Nr. 2 wichtig: „Die Laien hingegen, die auch am priesterlichen, prophetischen und königlichen Amt Christi teilhaben, verwirklichen in Kirche und Welt ihren eigenen Anteil an der Sendung des ganzen Volkes Gottes."

Diese genannten Konzilstexte fanden in erster Linie Eingang in meine Gedankenwelt. Dass dies so war, hing sicherlich von meinen damaligen Lebensumständen ab. Im vorstehenden Text habe ich daher versucht, mit einer Schilderung von für mich wichtigen Ereignissen in sechs (1962-1968) sehr entscheidenden Jahren meines Lebens dieses Zeitzeugnis für das Zweite Vatikanische Konzil abzulegen. Ich hoffe dabei deutlich gemacht zu haben, dass es für mich ein großes Glück war, in entscheidenden Augenblicken echte Seelsorger zu treffen. Es waren Seelsorger, die mir mit dem nötigen Feingefühl das Geschehen in der Kirche, von der ich mich schon abwenden wollte, so verständlich machen konnten, dass ich Kirche wieder als für mein Leben wichtig und als zukunftsfähige Gemeinschaft sehen konnte, in der ich mich auch engagieren wollte und dann auch tatsächlich engagierte. Ich gehe davon aus, dass dabei maßgeblich der Geist des Konzils mitgewirkt hat.
Vom Geist des Konzils ist auch heute sehr häufig noch die Rede, viel häufiger als von den Buchstaben. Um dem Konzil gerecht zu werden ist aber auch, nach nunmehr 50 Jahren seit seiner Eröffnung, die Auseinandersetzung mit vielen der Buchstaben und Sätze der Konzilstexte weiterhin von großer Bedeutung, weil viele Konzilserkenntnisse noch immer auf ihre Weiterbearbeitung warten. Dieses Konzil muss, vor allem auch wenn man dessen Vorgeschichte mit betrachtet, eine allzeit präsente Mahnung in unserer Kirche dafür bleiben, dass nicht eine allmählich erstarrende Kirche, sondern allein eine die Zeichen der Zeit erkennende dynamische Kirche, als Kirche Jesu Christi, in der Lage sein wird, die Menschen zum Heil zu führen.

Winfried Röhmel

Der „arme Hans" und der „gute Johannes"

Beobachtungen zur Wirkungsgeschichte des Zweiten Vatikanischen Konzils

Da liegen sie vor mir. Bücher, die mich mit dem Zweiten Vatikanischen Konzil immer wieder verbinden. Obenauf die ganz in optimistischem Grün gehaltene Nummer 270 der Herderbücherei mit ihrem klar gegliederten Titel: „Karl Rahner, Herbert Vorgrimler: Kleines Konzilskompendium. Sämtliche Texte des Zweiten Vatikanums mit Einführungen und ausführlichem Sachregister". Es ist mein zweites Exemplar. Das erste, gleich nach seinem Erscheinen erworben, hatte die vielen Anstreichungen und andere Formen des „Durcharbeitens" nicht überstanden und war vollkommen zerschlissen.
Immer wieder habe ich nachgeschaut, genau nachgelesen, was die Konzilsväter wirklich formuliert und verabschiedet hatten. Als Pressesprecher im Erzbischöflichen Ordinariat München musste ich auf der Hut sein, wenn vom Konzil gesprochen wurde – und zwar nach innen wie nach außen. Zu oft wurde ein „Geist des Konzils" beschworen, wenn die Texte nicht hergaben, was rasanter Reformeifer herbeireden oder rückwärts gewandte Denkungsart weg interpretieren wollte. Im Umfeld einer sich zunehmend heftiger abzeichnenden Polarisierung in der nachkonziliaren Ära der katholischen Kirche der alten Bundesrepublik wurde der „RahnerVorgrimler" immer mehr zu einem notwendigen und verlässlichen Begleiter. Er lag stets griffbereit auf meinem Schreibtisch im Ordinariat und gehört noch heute zum unverzichtbaren Handapparat . Wenn etwa auf kirchlichen Foren oder in Anweisungen kirchlicher Autoritäten große Pläne über einen anstehenden Strukturwandel dargelegt, in Gazetten alle möglichen Reformen gleich im Dutzend angemahnt oder zu Kirchentagen ganze Rucksäcke mit Anforderungen zum „Aufbruch" vollgepackt werden. Die originalen Texte sind unbestechlich und werden durch nichts übertroffen.

Verlässliche Orientierung provoziert

Das zweite mir wichtige Buch zum Konzil ist Joseph Ratzingers „Einführung

in das Christentum", hervorgegangen aus Vorlesungen, die er 1967 an der Universität Tübingen für Hörer aller Fakultäten gehalten hat. Das Werk hat seither nichts von seiner frischen literarischen Qualität und seiner einprägsamen inhaltlichen Ausführung verloren. Es kann immer noch faszinieren und ist somit eine Art „erstes Lehrscheiben" eines Autors, als er nicht einmal im Traum daran dachte, eines Tages als Papst Benedikt XVI. in die Verantwortung des Petrusamtes gestellt zu sein. „Es will helfen, den Glauben als Ermöglichung unseres Menschseins in unserer heutigen Welt zu verstehen, ihn auszulegen, ohne ihn umzumünzen in ein Gerede, das nur mühsam eine geistige Leere verdeckt." So schrieb der Konzilstheologe Ratzinger ahnungsvoll im Vorwort. Das Buch erschien 1968. In den westlich geprägten Gesellschaften war ein radikaler Umbruch in Gang gekommen, der auch die Kirche erfasst und einen immer noch anhaltenden Säkularisierungsschub ausgelöst hatte. Glaube und Religion wurden grundsätzlich in Frage gestellt, der gläubige Christ zum überflüssigen, von den Zeitläufen längst rasant überholten „armen Hans" (Ratzinger) erklärt. Da musste ein fundiertes Buch über den Glauben, das vielen eine verlässliche Orientierung bot, auf manche wie eine Provokation wirken.
Meine Erinnerung geht zurück zum Essener Katholikentag von 1968. Bei der Eröffnungsveranstaltung wurde der gastgebende Bischof Franz Hengsbach, damals im katholisch geprägten Milieu ein ungeheuerlicher Vorgang, mit provokanten Transparenten gegen das heftig als „Pillenenzyklika" attackierte Lehrschreiben „Humanae vitae" von Papst Paul VI. konfrontiert. Mit einem Singsang von Zwischenrufen („Hengsbach, wir kommen. Wir sind die linken Frommen!") wurde er immer wieder unterbrochen. In der ersten Reihe saß Julius Kardinal Döpfner, Vorsitzender der Bischofskonferenz, im Konzil einer der vier Moderatoren. Seine unverhohlen grimmige Miene sprach Bände. Der Bischof von Essen rief den Aktivisten zu, wenn sie nicht nur links, sondern auch fromm seien, so seien sie willkommen. Demonstrativer Beifall für Hengsbachs schlagfertige Reaktion wies die Störer akustisch in die Schranken. Aber der Konflikt schwelte weiter. Ein krasses Beispiel: Auf dem Katholikentag kursierten Flugblätter eines sich aggressiv in Szene setzenden „Kritischen Katholizismus". Sie zeigten einen Jesus mit umgehängter Maschinenpistole in der Pose marxistischer Frontkämpfer und militanter Erlöser von Ausbeutung und Unterdrückung.
Immerhin wurde der unruhig-bewegte Essener Katholikentag zu einer Art Initialzündung für die Bischöfe, sich doch für eine Synode zu entscheiden, die dann von 1971 bis 1975 zu mehreren Vollversammlungen nach Würzburg

einberufen wurde. Als Mitarbeiter der Synoden-Pressestelle habe ich alle Vollversammlungen mit ihren Höhepunkten, Krisen und Kontroversen, mit ihren manchmal erregt und emotional geführten Debatten erlebt und darüber für den offiziellen Pressedienst berichtet. Nach meinem Eindruck war es immer wieder Kardinal Döpfner, der Präsident der Synode, der die Kirchenversammlung mit seinen Predigten geistlich prägte und so auch in schwierigen Situationen zusammenhielt. Die Gottesdienste, die anlässlich der Synode im Würzburger Kiliansdom gefeiert wurden, waren nicht schmückendes Beiwerk, sondern als zentrale Ereignisse entscheidend für die Beratungen und Abstimmungen der Synodalen. Allerdings haben einige Synodalen – Laien, Priester und auch Bischöfe – wohl manchmal ausgetestet, wie belastbar der Präsident der Synode sei. Die Synode hat Döpfner, der sich immer voll und ganz seiner Verantwortung stellte, Lebenskraft gekostet. Aber ihre Beschlüsse und Voten haben die deutsche Kirche befriedet und das kirchliche Leben in den folgenden Jahrzehnten konstruktiv und zukunftweisend gestaltet. Die „Eindeutschung des Konzils" durch die Würzburger Synode darf als gelungen bezeichnet werden.

Kirche mit geöffneten Fenstern

Ein drittes, mir im Kontext des Konzils wichtige Buch ist das „Geistliche Tagebuch" von Papst Johannes XXIII. „Johannes der Gute", wie der Theologe Hans Urs von Balthasar den Roncalli-Papst in seinen „Klarstellungen zur Prüfung der Geister" einmal genannt hat, kündigte das Konzil 1959 an, eröffnete es 1962 und brachte es in seinen Grundzügen auf den Weg. 1963, nach Abschluss der ersten Sitzungsperiode, starb er. Sein nach dem Tode veröffentlichtes geistliches Tagebuch beginnt schon 1895 mit Aufzeichnungen während seiner Zeit im Priesterseminar von Bergamo. Für mich sind die Aufzeichnungen eine Quelle der Inspiration zum tieferen Verständnis des Zweiten Vatikanischen Konzils, gerade weil sie das Denken und die Frömmigkeit in einem großen Zeitraum vor dem Konzil dokumentieren, der manchmal etwas abschätzig als „vorkonziliar" bezeichnet und mit dem seltsam distanzierenden Begriff „alte Kirche" zusammengebracht wird, als habe das Konzil die Kirche neu erfinden müssen.
Wer das Tagebuch meditiert, wird immer wieder gewahr, dass das Konzil von diesem großen Papst nie als Bruch mit der Tradition und dem Glauben der katholischen Kirche gesehen oder gar gewollt wurde. Einer, der so wie er im Glauben beheimatet war, konnte die „Fenster der Kirche" weit öffnen und „frische Luft" hereinlassen. Manche, die ohne den geistlichen Hintergrund des Papstes

an solcher Öffnung ganz eigenen Gefallen fanden und eine oft selbst produzierte Zugluft schon für das Wehen des Heiligen Geistes halten mochten, haben sich gern auf ihn berufen, ihn darin aber gründlich missverstanden.

Das Konzil wird publik

Das Zweite Vatikanische Konzil war weit hinein in den gesellschaftlichen Raum der Bundesrepublik, nicht nur für die Katholiken, ein wirksames Ereignis. Als vielseitiges und interessantes Themenfeld wurde es von den säkularen Medien entdeckt. War das Thema Religion und Kirche bis dahin eher in den Rubriken Folklore oder Vermischtes, an hohen Feiertagen auch als Festbetrachtung möglichst eines Bischofs oder Abtes anzutreffen, fand es jetzt immer öfter die ihm eigentlich zukommende Beachtung.

Lud etwa die Katholische Akademie in Bayern zur Auseinandersetzung mit einem konziliaren Thema ein, war ihr nicht nur ein volles Haus, sondern ebenso die Aufmerksamkeit der Medien sicher. Sogar Boulevardzeitungen schickten Mitarbeiter und griffen hochtheologische Fragen auf. In größeren Tageszeitungen wurde der Komplex Religion und Kirche eigens bewanderten Redakteuren zugeordnet. Einer der ersten war der Journalist Hannes Burger, zuvor stellvertretender Chefredakteur der Münchner Kirchenzeitung, der für die Süddeutsche Zeitung schrieb und mit seiner intimen Kenntnis der kirchlichen Innenseite für manche Überraschung sorgte. Fortan war die katholische Kirche in wachsendem Maße mit allen ihren Lebensäußerungen in Pfarreien, Bistümern und Weltkirche auf den wichtigen Titel-, Mittel- und Kommentarseiten, ebenso zunehmend in Rundfunk und Fernsehen auch außerhalb der öffentlich-rechtlich zugewiesenen Kirchenfenster gegenwärtig. Ohne Zweifel hatte das Konzilsereignis dazu den entscheidenden Anstoß gegeben.

Den Bischöfen und Ordinariaten, die sich auf die zuverlässige Hausmacht ihrer noch auflagenstarken Bistumsblätter stützten und von daher ihr Verständnis für mediale Kommunikation und den Umgang mit den Medien ableiteten, war die neue Aufmerksamkeit lange nicht geheuer. Die den Medien selbstverständliche kritische Außensicht entsprach nicht ihrem Selbstverständnis und Kirchenbild. Man war eine „gute Presse“ gewohnt, die Kritik, wenn überhaupt, nur verhalten oder verschlüsselt äußerte. Aber die zunächst als Einmischung empfundene und immer wieder abgewehrte neue Medienaufmerksamkeit führte doch, wenn auch nicht ganz freiwillig, bei den besonnenen Verantwortlichen zu Einsicht und Umdenken.

Die Kirche lernt Kommunikation

1962, im Jahr des Konzilsbeginns, wurde bereits im Erzbistum München und Freising, eine Pressestelle geschaffen. Es war dies nach der im Bistum Münster die zweite in einer deutschen Diözese. Sie wurde mit leidenschaftlicher Professionalität und einer die ordinariatsinterne Unlust nicht achtenden Zielstrebigkeit von dem Kommunikationswissenschaftler und späteren Professor für Zeitungswissenschaft Hans Wagner aufgebaut. Der grundsätzlichen und von persönlichem Wohlwollen bestimmten Zustimmung seines Erzbischofs, Julius Kardinal Döpfner, der ja zu den führenden Köpfen des Konzils zählte, konnte sich Wagner bei seiner wahrhaft konziliaren Aufgabe sicher sein, auch wenn gerade Kardinal Döpfner sich immer wieder an der Art und Weise des Umgangs der Medien mit der Kirche und kirchlichen Autoritäten heftig reiben konnte.

Der Kardinal ließ sich letztlich immer wieder vom guten Rat und der loyalen Mitarbeit des Kommunikationswissenschaftlers überzeugen und hielt bei Konflikten zu ihm. In sorgfältig vorbereiteten Pressekonferenzen, bei denen er sich jeweils nach der Rückkehr von den Versammlungen des Konzils oft noch am Münchner Flughafen den Journalisten von Presse, Funk und Fernsehen stellte, wurden Beschlüsse und die vorausgehenden Beratungen der Konzilsväter aus erster Hand dargestellt und für eine breite Öffentlichkeit mit einer sogar für heutige kirchliche Verhältnisse freimütigen und ungewöhnlich direkten Sprache erläutert. Döpfners „Konzilspredigten", die er im Münchner Liebfrauendom hielt, um den Priestern und Pfarrgemeinden den konziliaren Weg ans Herz zu legen und sie so zu aktiver Mitwirkung anzuspornen, wurden über die Pressestelle des Erzbischöflichen Ordinariates in nachrichtlicher Fassung wie auch im Wortlaut verbreitet, damals wie heute eine der ersten Quellen für die Rezeption des Zweiten Vatikanischen Konzils, deren professionelle und über den kirchlichen Raum hinaus beispielhafte Vermittlung Hans Wagner zu verantworten hatte.

Als Papst Paul VI. 1971 die für das katholische Medienverständnis richtungweisende Pastoralinstruktion „Communio et progressio" in Kraft setzte, schrieb Wagner im Auftrag der Deutschen Bischofskonferenz den Kommentar zur offiziellen deutschen Übersetzung des Dokumentes. Die Pastoralinstruktion, die weltweite Resonanz fand, kann noch heute, im Internetzeitalter, mit ihrem Weitblick und ihrer fachlichen Qualität bestehen. Die an die kirchliche Kommunikation gerichteten Erwartungen und Anforderungen hatte Wagner beim Aufbau der Pressestelle des Ordinariates bereits beispielhaft erfüllt, wie er sie auch im Grundkonzept für die innere und äußere Kommunikation der Würzburger Sy-

node realisierte. Dem guten Beispiel auf dem Fundament des vom Konzil vorgelegten Verständnisses einer Kirche in der Welt von heute folgten im Laufe der Zeit viele andere Bistümer. Heute gehören Pressestellen zur Grundausrüstung aller Ordinariate.
Wagner hätte seinen Auftrag nicht erfüllen können ohne eine freundschaftliche und vorbehaltlose Unterstützung durch den Münchner Domkapitular Anton Maier, ein Geistlicher alter Schule, politischer Prälat von Geblüt, kirchlich von konservativer Gesinnung. Aber er dachte nach vorn und hegte keine Angst vor dem Neuen, wenn er sich davon einen positiven Zugewinn für die Kirche und wohl auch für die eigene Reputation versprach. In ganz anderer Weise wurde Wagner in seinen konzeptionellen Vorstellungen von kirchlicher Öffentlichkeits- und Pressearbeit durch den souverän und kompetent agierenden ersten Sekretär der Deutschen Bischofskonferenz, Prälat Karl Forster, unterstützt, der schon als Direktor der Katholischen Akademie in Bayern die Auseinandersetzung mit den Botschaften des Zweiten Vatikanischen Konzils engagiert befördert und dafür ein breites Forum angeboten hatte. Kardinal Döpfner hatte Forster mit dem Aufbau eines Sekretariates der Deutschen Bischofskonferenz beauftragt, entsprechend dem im Konzilsdekret über die Hirtensorge der Bischöfe formulierten neuen Status nationaler Bischofskonferenzen und ihrer neu zu schaffenden Organe. Durch Vermittlung Wagners wurde der Journalist Hans Georg Becker, der spätere Chefredakteur der Münchner Kirchenzeitung, erster Pressereferent der Deutschen Bischofkonferenz, der auch die Pressearbeit zu Beginn der Würzburger Synode zu verantworten hatte. Becker hat auf diesem für die Kirche neuen und ungewohnten Terrain Pionierarbeit geleistet. Nicht wenige Bischöfe, die bis dahin in der Bischofskonferenz eher eine Art loser Arbeitsgemeinschaft sahen, betrachteten den Aufbau eines Sekretariates skeptisch. Sie fürchteten einen „Apparat", der ein unkontrollierbares Eigenleben, vorbei an den Diözesanbischöfen, entfalten könne.

Vermittler, nicht Lautsprecher des Konzils

Aus dem Bereich der katholischen Publizistik in Bayern sind noch weitere Namen zu nennen, die beharrlich und mit hohem professionellen Einsatz für die Vermittlung des Konzils wirkten, dabei aber der sachlichen Auseinandersetzung und der gebotenen journalistischen Arbeitsweise verpflichtet blieben und nicht etwa zu propagandistischen Lautsprechern degenerierten. Erinnert sei an die Jesuitenpatres Wolfgang Seibel und Oskar Simmel, beide Schriftleiter der von den

Jesuiten herausgegebenen Zeitschrift „Stimmen der Zeit". Seibel berichtete unter anderem für den Bayerischen Rundfunk über das Konzil, Simmel leitete vier Jahre lang die deutsche Sektion von Radio Vatikan. Sein leider wenig bekanntes „Glaubensbuch", eine auf die neuzeitliche Lebenswelt abgestimmte und intellektuell herausfordernde Katechese, vermittelt authentisch den Geist des Konzils. Seibel leitete als erster das von der Deutschen Bischofskonferenz gegründete Institut zur Förderung des publizistischen Nachwuchses (ifp), das sicher ohne den Impuls des Konzils in seiner offenen und auf den Dialog mit allen Teilen der Gesellschaft eingestellten Katholizität, von Seibel klug und umsichtig in das Ausbildungsprogramm integriert, so nicht hätte entstehen können.
Für den Landesdienst der Katholischen Nachrichtenagentur (KNA) war dessen Leiter Norbert Stahl ein ebenso sachkundiger wie engagierter publizistischer Beobachter und Begleiter des ganzen Spektrums konziliarer Themen. Der promovierte Zeitungswissenschaftler sorgte unter anderem mit einem eigens kreierten „Akademiebericht" für eine weitreichende Verbreitung entsprechender Veranstaltungen und Symposien der Katholischen Akademie in Bayern und war darin ihren Direktoren Karl Forster und Franz Henrich eng verbunden. Im Bayerischen Rundfunk wirkte Wilhelm Sandfuchs als Leiter des Kirchenfunks für eine theologisch fundierte Vermittlung und fachkundige Kommentierung des Konzils. Die damals übliche Form des mitunter sehr anspruchsvollen wissenschaftlichen Vortrags im Funk fand weitere Resonanz auch in zahlreichen Büchern, die Sandfuchs herausgab.
Eine besondere Stellung nahm der Chefredakteur der Münchner Kirchenzeitung, Prälat Lorenz Freiberger ein. Er hatte sich und seine ganze Redaktion in den Dienst einer Erneuerung der Kirche im Zeichen des Konzils gestellt, wie sich herausstellen sollte, ein riskantes Unternehmen. Schon bald geriet Freiberger zwischen die Stühle der sich immer deutlicher artikulierenden Polarisierung. Der bedächtige, gebildete und glänzend formulierende, eigentlich der Tradition verbundene Priester konnte es nicht allen Recht machen. Aber er wollte, dass auch diejenigen zu Wort kamen, deren Auffassung nicht gleich konsensfähig war, aber im Kontext kirchlichen Lebens durchaus ihre Daseinsberechtigung hatte. Mit dem in den Diskussionen über das Konzil viel gebrauchten und oft genug strapazierten Wort „Dialog" meinte es Freiberger ernst. Das trug ihm manche erbitterte Gegnerschaft ein und kostete die Kirchenzeitung Abonnenten. So wurde in tragischer Weise gerade die Bistumszeitung nicht nur zum Seismographen, sondern zum Austragungsort von Flügelkämpfen wegen missverständli-

cher, manchmal auch bewusst falsch gesetzter Interpretationen des Konzils, vor allem in der Umsetzungsphase der Liturgie-Konstitution, des ersten mit der eindrucksvollen Mehrheit von 2147 Ja-Stimmen bei nur vier Nein-Stimmen am 4. Dezember 1963 durch das Konzil angenommenen Dokuments.

Konzil und Laienapostolat

Im publizistischen Feld leistete auch das in der Katholischen Aktion der Erzdiözese München und Freising, dem späteren Diözesanrat, organisierte Laienapostolat einen elementaren Beitrag zur Rezeption des Konzils. Dies geschah in enger Verbindung und Kooperation mit der Katholischen Aktion auf Landesebene, dem späteren Landeskomitee der Katholiken in Bayern, das die in kirchlichen, sozialen und kulturellen Aufgaben tätige katholische Laienarbeit in den sieben bayerischen Bistümern repräsentiert. Das in der Katholischen Aktion verwurzelte und vor allem dem gesellschaftspolitischen Bereich verpflichtete hingebungsvolle Engagement zahlloser Frauen und Männer in Pfarreien, katholischen Verbänden und Diözesen sah sich durch das Konzilsdekret über das Laienapostolat zur Mitverantwortung für die Gestaltung des kirchlichen Lebens aufgefordert. Seither fungieren Pfarrgemeinderäte und Diözesanräte mit bischöflich anerkannten Statuten und Satzungen als Organe im Sinne des Konzilsdekretes. Freilich ist nicht zu übersehen, dass diese Positionierung aus der Sicht einer „strengen“ Auslegung des geltenden Kirchenrechtes als so für die Weltkirche nicht vorgesehener deutscher Sonderweg immer wieder in Frage gestellt wird.
Die von der Katholischen Aktion auf bayerischer Landesebene und in deren Nachfolge vom Landeskomitee der Katholiken herausgegebene Zeitschrift „Lebendige Zelle“, die auch gegenwärtig unter dem Namen „Gemeinde creativ“ fortgeführt wird, nahm sich unter ihrem Schriftleiter Georg Thurmair des großen Spektrums der Themen und Beschlüsse des Konzils an. Die besondere Zielgruppe der Zeitschrift, die in den Pfarreien führend engagierten Frauen und Männer, wurde so mit Informationen, Hintergründen und Grundlagen ausgestattet, die für eine konstruktive Auseinandersetzung mit den Beschlüssen des Konzils notwendig waren. Das Laienapostolat war als einer der Schlüsselbegriffe des Konzils sogar ausdrücklich in das Impressum der Zeitschrift aufgenommen worden. Bei der Namensänderung wurde diese Positionsbestimmung allerdings nicht mehr verwendet. Schriftleiter Thurmair, der später als Nachfolger von Prälat Freiberger Chefredakteur der Münchner Kirchenzeitung wurde, war ein leidenschaftlicher, manchmal sogar ungestümer Verfechter des Konzilsgedankens.

Er gehörte zu denen, die in den Dokumenten der Kirchenversammlung eher einen Brückenkopf für weitere Änderungen und Neuerungen sehen mochten, die manchmal weit über das hinausgingen, was die Texte hergaben. An seiner Liebe zur Kirche, die viele der von ihm gedichteten und nach wie vor gern gesungenen Kirchenlieder ausdrücken, kann niemand zweifeln.
Thurmair hatte von Kardinal Döpfner den Auftrag erhalten, einen Dokumentarfilm über das Konzil zu drehen. Er hatte schon über den Eucharistischen Weltkongress 1960 in München einen sehr erfolgreichen Dokumentarfilm mit dem Titel „Pro mundi vita – Für das Leben der Welt" gedreht. Dieser erste große internationale Kongress in Deutschland nach dem Zweiten Weltkrieg mit mehr als einer Million Teilnehmern aus aller Welt galt vielen deutschen Katholiken als eine Art „Vorläufer" des Konzils, der vor allem ein neues liturgisches, weltkirchliches und ökumenisches Bewusstsein gefördert habe. Der Konzilsfilm Thurmairs unter dem Titel „Lux mundi – Licht der Welt", den er selbst als Fortsetzung seines über den Weltkongress gedrehten Filmes ansah, war längst nicht so erfolgreich. Das lag nicht allein an den im Dokumentarteil eher wenig ergiebigen Bildern immer wiederkehrender Prozessionen weißer Bischofsmützen zur Konzilsaula im Petersdom. Auch nicht an den eigenwilligen Interpretationen Thurmairs, der das Konzilsgeschehen unter anderem mit Texten des Heiligen Franz von Assisi oder mit eher bemüht wirkenden Momentaufnahmen aus den Glasscherbenvierteln Roms konfrontierte. Zehn Jahre nach dem Weltkongress und wenige Jahre nach dem Konzil hatte sich die Welt und mit ihr auch das katholische Milieu gründlich geändert. Der Säkularisierungsschub von 1968 hatte seine mächtige Wirkung in allen Lebensbereichen entfaltet. Da war bereits auch unter Katholiken die Bereitschaft geschwunden, auf Botschaften religiösen Inhalts zu reagieren, die den Regeln eines neuen Lebensgefühls nicht mehr entsprachen. Der in den Medien noch beachtete Start des Films in einem damals prominenten Münchner Kino mit einem Grußwort Kardinal Döpfners, mit vielen Ehrengästen aus Politik und öffentlichem Leben konnte nichts daran ändern, dass der Film bald mangels Besucherinteresse abgesetzt wurde. Dennoch darf er als interessanter Versuch gelten, der Rezeption des Konzils einen medialen Impuls zu geben. Die Wirkungsgeschichte des Konzils ist mit jeweils sich wandelnden und zeitgeschichtlich bedingten neuen Betrachtungsweisen auch 50 Jahre nach dem hoffnungsvollen Beginn immer noch in Bewegung und wird dies auch in Zukunft noch sein. Haben doch alle Konzilien Zeit, manche sogar sehr viel Zeit gebraucht, um ihre Wirkung zu entfalten.

Jakob Rothmeier sen.

Die tiefgreifenden Veränderungen prägten mein Leben

Um die Bedeutung des Zweiten Vatikanischen Konzils einschätzen zu können, ist es hilfreich, auf die Zeit vor dem Konzil zu blicken. Zwei Aspekte greife ich heraus:

1. Vor dem Konzil wurden bei der Messe (heute Eucharistiefeier genannt) alle Texte in Latein gebetet bzw. vorgetragen. Es war schon etwas besonderes, wenn die Texte von Epistel und Evangelium vor der Predigt in Deutsch gelesen wurden. In einigen Gemeinden gab es damals schon die sogenannte Gemeinschaftsmesse. Aus einem Büchlein wurden die deutschen Texte von Introitus (Stufengebet), Gloria, Credo, Sanktus, Pater noster und Agnus Dei vor- und mitgebetet.
2. Vor dem Konzil hatte der Laie kaum etwas zu sagen. Fast alles bestimmte der Pfarrer. Ein Beispiel: Am Sonntag waren knechtliche Arbeiten – auch in der Landwirtschaft (außer der Stallarbeit) – nicht erlaubt. Wenn in der Erntezeit am Sonntag das Wetter schlecht herschaute, dann war es möglich, dass der Pfarrer verkündete: „Heute sind Erntearbeiten erlaubt".

Wenn man die Zeit vor dem Konzil betrachtet, dann ist es verständlich, dass die Änderungen als befreiend empfunden wurden, weil:

1. das Volk beim Gottesdienst in Deutsch mithören, mitbeten und auch mitwirken konnte,
2. Laien in den neu geschaffenen Gremien mitberaten und sogar mitentscheiden konnten.

Die tiefgreifenden Veränderungen, die das Konzil bewirkte, hatten ihre Grundlage in den Konzilsbeschlüssen. Folgende zwei Texte möchte ich herausgreifen:

1. Aus der *Konstitution über die Heilige Liturgie (Sacrosanctum Concilium) Nr. 48*: „So richtet die Kirche ihre ganze Sorge darauf, daß die Christen diesem Geheimnis des Glaubens nicht wie Außenstehende und stumme Zuschauer beiwohnen;

sie sollen vielmehr durch die Riten und Gebete dieses Mysterium wohl verstehen lernen und so die heilige Handlung bewusst fromm und tätig mitfeiern (...)."
2. Aus dem *Dekret über das Laienapostolat (Apostolicam Actuositatem) Nr. 25*:
„Bischöfe und Pfarrer, sowie die übrigen Priester des Welt- und Ordensklerus mögen sich vor Augen halten, dass das Recht und die Pflicht zur Ausübung des Apostolates allen Gläubigen, Klerikern und Laien gemeinsam ist und dass auch die Laien bei der Auferbauung der Kirche eine ihnen eigentümliche Aufgabe haben. Darum mögen sie brüderlich mit den Laien in der Kirche und für die Kirche arbeiten und diesen in ihrem apostolischen Wirken besondere Sorge schenken (...)."

Die oben genannten Textstellen waren die Grundlagen für mein Engagement in der Kirche:
1. Beim Gottesdienst als Lektor, Kommunionhelfer und Wortgottesdienstleiter.
2. Bei der Mitarbeit (jeweils über 30 Jahre als Vorsitzender bzw. Vorstandsmitglied im Pfarrgemeinderat, Dekanatsrat, Kreiskatholikenrat und Diözesanrat).

Wolfgang Seibel SJ

Den Mut nicht verlieren und den Mund aufmachen

Was ging in Ihnen vor, als sie von der Ankündigung eines Konzils durch Papst Johannes XXII. hörten?
So weit ich mich heute noch erinnern kann, war die Reaktion – nicht nur bei mir – eher etwas gedämpft. Die katholischen Bischöfe in der damaligen Zeit waren in ihrer Mehrzahl relativ konservativ und zurückhaltend. Von einem Konzil – so glaubte ich – war jedenfalls nicht sehr viel zu erwarten. Die positive Stimmung kam bei mir erst dann auf, als das Konzil begonnen hat.

Was hat diesen Stimmungswandel bewirkt?
Die Mehrzahl der Bischöfe war gewohnt, dass sie römische Weisungen ausführen. Sie waren daher unsicher, welche Rolle sie auf dem Konzil spielen können und sollen. Das war das eine. Das zweite ist: Die Vorbereitungszeit ist relativ unglücklich verlaufen. Die Vorbereitungsarbeiten sind fast ausschließlich von der römischen Kurie geleistet worden. Deren Anliegen war, ihre Positionen durch das Konzil bestätigen zu lassen. Der eigentliche Umschwung geschah bei der ersten Arbeitssitzung des Konzils am 13. Oktober 1962. Die Aufgabe der Konzilsväter bestand an diesem Tag darin, Konzilskommissionen für verschiedene Themen zu wählen. Der Sekretär des Konzils, der spätere Kardinal Felici, wollte durchsetzen, dass die römischen Vorbereitungskommissionen auch die offiziellen Konzilskommissionen werden. Die Präsidenten des Konzils hatten das Recht, sich jederzeit zu Wort zu melden. Da stand Kardinal Liénart von Lille auf und beantragte eine Vertagung des Konzils um drei Tage, denn man habe noch nicht Zeit gehabt, zu überlegen, welche Bischöfe und welche Fachleute man in die Kommissionen wählen wolle. Kardinal Frings von Köln stand auf und beantragte das Gleiche. Er sagte das auch ausdrücklich im Auftrag von Kardinal Döpfner von München und von Kardinal König von Wien. Es gab allgemeinen Beifall. Felici konnte gar nichts Anderes machen als dem stattzugeben. Das Konzil wurde um drei Tage vertagt. In diesen drei Tagen wurde sehr eifrig gearbeitet.

Sehr schnell bildeten sich die nationalen Gruppen: die Franzosen, die Brasilianer etc. und erstellten Kandidatenlisten. Die deutschsprachigen Konzilsväter sagten sich: Eine Liste machen, wo nur deutsche Bischöfe draufstehen, verspricht keinen Erfolg. Denn dann müsste man sich später wieder überlegen, wie man aus den verschiedenen nationalen Listen ein internationales Gremium zustande brächte. Sie haben gleich einen internationalen Vorschlag gemacht, mit für das jeweilige Thema ausgewiesenen Bischöfen aus Deutschland, aus Österreich, aus Frankreich, aus Spanien und so fort. Diese Liste hat sehr viel Zustimmung erhalten. Das war eigentlich die Weichenstellung für's ganze Konzil.

Was ist ihnen am nachhaltigsten in Erinnerung?
Dass die Bischöfe in erstaunlich kurzer Zeit einen Meinungsbildungsprozess durchgemacht haben, der das Ergebnis hatte, dass eine große Mehrheit der Bischöfe – von den mehr als 2.000 Anwesenden mindestens 1.800 – Reformen in der Kirche befürworteten, das war eigentlich das herausragendste Ereignis des Konzils. Die Bischöfe haben auf dem Konzil erstaunlich an Format gewonnen. Sie haben sich entwickelt. Das Konzil hat auch bei den Katholiken einen ungeheuren Anklang gefunden. Die Bischöfe waren damals so nah an der Basis, wie sie es meines Erachtens weder vorher noch nachher waren. Sie haben einen Nerv getroffen. Sie haben den Reformstau der Kirche erkannt und sind ihm nicht ausgewichen. Sie haben Antworten auf Fragen gesucht, die die Leute bewegen. Deswegen haben die Bischöfe ein ungeheures Ansehen erworben. Als sie dann aber zurückkamen, waren sie auf einmal nicht mehr ganz so mutig, wie sie in Rom waren. In Rom waren sie eine große Gruppe und konnten sich daher gegen die römische Kurie durchsetzen. In der Diözese waren sie dann wieder alleine. Man muss natürlich sagen: Es war damals auch eine einmalige Gnade, dass Johannes XIII. der Papst war. Ein solcher Typ von Papst, der so offen und loyal ist, das hat es weder vorher noch nachher gegeben.

Welche konkreten Weichenstellungen hat das Konzil vorgenommen?
Um die Kehrtwende zu verstehen, die die Kirche mit dem Konzil vollzogen hat, muss man sich die Situation von damals vor Augen führen. Die Atmosphäre in der Kirche war so eng – das kann man sich heute gar nicht mehr vorstellen. Außerdem hatte die Kirche seit Beginn des 19. Jahrhunderts das große Problem, wie sie sich zu der modernen Welt verhalten soll. Die offizielle Kirche verschanz-

te sich in einer Art „Bunkermentalität". Sie lehnte die geistige, gesellschaftliche und politische Welt ab, die im Gefolge der Aufklärung und der französischen Revolution entstanden ist und zumindest die westliche Welt geprägt hat. Sie ging auf Konfrontation und verzichtete auf eine schöpferische oder offene Auseinandersetzung. Das war das Grundproblem, mit dem sich das Konzil befassen musste. Deswegen war in der Kirche ein ungeheuerer Problemstau.
Das Konzil stellt die Kirche wieder dahin, wo sie hingehört, mitten in die Welt, als Volk Gottes unterwegs. Die Offenheit der Bischöfe, sich den Problemen der Kirche zuzuwenden und diese beim Namen zu nennen, bedeutete einen ungeheuren Wandel. Im Grunde war es schon befreiend, dass – im Unterschied zur vorherherrschenden Enge und im Unterschied zur einseitigen Konzentration auf Rom – die Probleme offen zur Sprache gekommen sind. Auch Meinungsunterschiede unter den Bischöfen wurden sichtbar. Die Bereitschaft der Bischöfe, sich mit den Herausforderungen auseinanderzusetzen, war erstaunlich. Das Konzil war geisterfüllt. Die drängenden Herausforderungen der Zeit wurden angegangen. Es wurden Beschlüsse gefasst, die in die Zukunft weisen und die Vergangenheit nicht einfach bestätigen.

Welche Konzilsdokumente sind in Ihren Augen die bedeutendsten? Welche sind auch heute noch lesenswert?
Von grundlegender Bedeutung sind die großen Konzilskonstitutionen. Das ist zum einen die Liturgiekonstitution. Die Liturgiereform ist ja das, was vom Konzil zuerst einmal am deutlichsten sichtbar geworden ist. Ein zweites herausragendes Dokument ist die Kirchenkonstitution. Die ersten drei bis vier Kapitel sind wirklich überragend. Sie zeichnen ein Bild der Kirche, das von dem, das vorher herrschte, erheblich abweicht. Bedeutend sind auch große Passagen der Pastoralkonstitution, weil sich hier die Kirche als Kirche in der Welt von heute positioniert und sich ausdrücklich mit der modernen Welt auseinandersetzt. Wichtig war aber auch die Erklärung über die Religionsfreiheit. Das war ein Markstein des Konzils, weil damit die Kirche ihre vorher geltende Auffassung revidiert hat. Bis zum Konzil wurde die Religionsfreiheit abgelehnt. Ein bedeutendes Dokument war auch die Erklärung über das Verhältnis der Kirche zu den nichtchristlichen Religionen, inklusive dem Judentum.

Von verschiedenen Seiten wird derzeit im Blick auf das Konzil eine „Hermeneutik der Kontinuität" angemahnt. Wie stehen Sie zu so einem Begriff, wenn für Sie als Zeitzeugen vor allem die Erfahrung des Wandels und des Aufbruchs so prägend war?
Wenn Papst Benedikt XVI. von der „Hermeneutik der Kontinuität" spricht, sagt er dazu immer: „in Einheit mit der Tradition". Ich bin der Überzeugung, dass das Konzil in einigen wichtigen Fragen wirklich einen Bruch herbeigeführt hat. Die Beschlüsse des Konzils waren nicht einfach eine Weiterführung dessen, was vorher gegolten hat. Bei der Kirchenkonstitution kann man noch sagen, dass die ganze große Tradition der ersten Jahrhunderte aufgegriffen worden ist. Es wurde nicht die Verengung des Kirchenbildes bestätigt, das sich in der Neuzeit herausgebildet hat. Insofern brachte die Kirchenkonstitution auch was Neues, aber neu in dem Sinn, dass die gesamte Tradition wahrgenommen wurde. Die Erklärungen zur Religionsfreiheit und zum Verhältnis zu den nichtchristlichen Religionen bedeuteten aber einen wirklichen Bruch. Die Religionsfreiheit wurde von den Päpsten des 19. Jahrhunderts prinzipiell abgelehnt. Und was die nichtchristlichen Religionen anging, da war das offizielle Lehramt der Kirche der Meinung, der Unterschied zwischen der Kirche und den nichtchristlichen Religionen ist der zwischen Christen und Belial. Belial ist ein Ausdruck, der in der Bibel für den Teufel gebraucht wird. Es herrschte immer die Meinung – und die wurde auch propagiert –, dass die nichtchristlichen Religionen überhaupt nichts Gutes enthalten. Das Zweite Vatikanische Konzil bestätigt und lobt ausdrücklich das Gute und das Richtige der nichtchristlichen Religionen. Das sind zwei diametral entgegengesetzte Positionen. Das kann man nicht anders erklären, als dass hier wirklich ein Bruch stattgefunden hat. Insofern ist die Rede von einer Hermeneutik der Kontinuität missverständlich. Meines Erachtens wird damit verschleiert, welchen Wandel das Konzil gebracht hat.

Wir kommen nun zu Ihrer Person. Können Sie kurz schildern, was Ihre Aufgabe während des Konzils war und was sie während der Sitzungsperioden so taten?
Ich war damals Mitarbeiter der von den Jesuiten herausgegebenen Zeitschrift „Stimmen der Zeit". Die Katholische Nachrichtenagentur hat mich angeworben. Ich sollte während des Konzils eine Art theologischer Mitarbeiter sein. Ich habe sofort zugesagt. Ich war während der Sitzungsperioden in Rom und schrieb für die mitteleuropäischen katholischen Nachrichtenagenturen die täglichen Berichte.

Die Öffentlichkeit nahm großen Anteil am Zweiten Vatikanischen Konzil. Die Zeitungen und Zeitschriften waren voll von Berichten und Reportagen. Wie haben Sie das damals als Journalist erlebt, als einer, der direkt aus Rom über die Ereignisse berichtet hat?

Das Konzil war ein Medienereignis ersten Ranges. Die großen Weltzeitungen hatten ihre besten Leute nach Rom geschickt. Das Konzil war nach Anfangsschwierigkeiten völlig offen gegenüber den Medien. Die Weltöffentlichkeit hat zunächst mit ungeheurem Erstaunen und dann mit wachsender Bewunderung wahrgenommen, dass eine Institution, die man für verknöchert und für reformunfähig ansah, auf einmal begonnen hat, in aller Öffentlichkeit ihre eigenen Probleme zu diskutieren und Reformen in die Hand zu nehmen. Das hat der Kirche großes Ansehen verschafft, in einem Ausmaß, wie man es sich heute überhaupt nicht mehr vorstellen kann.

Diesen „offenen Geist" atmet auch die 1970 von Paul VI. veröffentlichte Pastoralinstruktion „Communio et progressio". Dort heißt es, dass sich die Katholische Kirche gegenüber den Medien genau so zu verhalten hat wie alle anderen Institutionen. Für die katholischen Journalisten gelten genau dieselben Prinzipien wie für jeden vernünftigen Journalisten. Das Traurige ist: Diese Offenheit und Angstfreiheit ist nicht mehr spürbar. Die Tendenz ist: Der katholische Journalist darf nur das berichten, was der Kirchenleitung genehm ist. Man findet heute wenig Kritisches in der kirchlichen Presse. Die in „Communio et progressio" dargelegten Grundsätze wurden zwar nicht zurückgenommen, die Theorie gilt noch, aber die Praxis hält nicht mehr damit Schritt. Wenn sie die Kirchenzeitungen heute anschauen – egal wo – dann werden sie nur Themen finden, bei denen die Redakteure keine Schwierigkeiten kriegen.

Herr Pater Seibel, Sie waren auch nach dem Konzil im Journalismus tätig. Von 1968 bis 1991 leiteten Sie das im Auftrag von der Deutschen Bischofskonferenz gegründete Institut zur Förderung publizistischen Nachwuchses e.V. (ifp). Mehrere Generationen von jungen Menschen mit dem Berufswunsch „Journalist" haben Sie in der Ausbildung begleitet. Was raten Sie jungen Menschen, die sich vorstellen können, katholischer Journalist zu werden?

Also da kann ich nur sagen: Er oder sie sollen zuerst einmal das Handwerk des Journalismus von Grund auf lernen. Ich meine vor allem das Handwerk des kritischen Journalismus. Das Problem ist, dass man diesen in den katholischen Medien zur Zeit nur spärlich findet und daher dort auch nicht lernen kann. Auch als katholischer Journalist muss man die Möglichkeit und den Mut haben, mit wachem Geist die Ereignisse zu begleiten. Ein Journalist muss auch Kritik üben können. Wenn er das nicht kann, dann ist alles nur „braves Zeug". Ich werde immer wieder mal gefragt: Wie unterscheidet sich ein katholischer Journalist von einem nichtkatholischen Journalisten? Ich kann darauf nur antworten: Wenn beide hervorragende Journalisten sind, überhaupt nicht. Was die konkrete journalistische Arbeit angeht, sollten die Weltanschauungen keinen Einfluss haben. Zunächst geht es vor allem darum, die Grundsätze eines anständigen Journalismus zu beachten.

Herr Pater Seibel, wir kommen nun zum letzten Part unseres Gespräches, zum bleibenden Auftrag des Konzils. Die Herder Korrespondenz hat vor ein paar Jahren vom „unerledigten Konzil" gesprochen. Was ist ihrer Ansicht nach unerledigt?
Da kann man zwei Aspekte unterscheiden: Erstens ist vieles von dem, was das Konzil erreichen wollte, nicht getan worden. Zweitens ist manches, was uns heute umtreibt, vom Konzil gar nicht angesprochen worden.
Zum Ersten: Die Bischöfe wollten den in der Kirche herrschenden Zentralismus abbauen, und das Gewicht des Episkopats und vor allem der Ortskirchen stärken. In diesem Punkt ist nach dem Konzil nichts erreicht worden. Die Zentralisation ist in der Kirche so stark wie noch nie in der Kirchengeschichte. Ein weiteres Beispiel ist: Das Konzil wollte ja die Position der Laien stärken. Vorher war die Kirche eine Zweiklassengesellschaft. Die Laien waren so eine Art Hilfsorgan der Hierarchie. Das Konzil hat das genau umgedreht und hat gesagt: Auch die Nichtkleriker haben ihren eigenständigen Verkündigungsauftrag. Einige Jahre nach dem Konzil ist aber von Rom aus die Eigenständigkeit der Laien immer mehr zurückgedrängt worden.
Das zweite, was ich sagen wollte: Es gibt eine ganze Reihe von Problemen, die das Konzil nicht behandelt hat bzw. die erst nach dem Konzil aufgetreten sind. Nicht behandelt hat das Konzil die Frage des Zölibats, nicht behandelt, weil der Papst diese Frage dem Konzil entzogen hat. Nicht behandelt wurde auch die Stellung der Frau in der Kirche – wahrscheinlich auch deswegen, weil diese Frage damals nicht so virulent war wie sie es heute ist. Aber das Konzil hat ja ein Grundverhalten gefordert, wie in der Kirche Probleme gelöst werden sollen. Nämlich: nicht durch autoritäre Weisung von oben, sondern durch den Dialog. Nicht durch einen Schein-Dialog, sondern durch einen echten Dialog! Dieser setzt voraus, dass offen über die Probleme geredet wird, die die Menschen bewegen. Dialog findet

nicht statt, wenn nur von oben gesagt wird, über was man reden darf und über was man nicht. Es wären in der Kirche viele Dinge anders, wenn eine offene Auseinandersetzung stattfinden würde, eine Auseinandersetzung, bei der natürlich auch die Bischöfe mitmachen müssten. Vor allem müssten sie den Mut haben, ihre eigene Meinung zu sagen. Ich sage dies, weil zur Zeit zwar in der Kirche viel über Dialog geredet wird. Aber es wird kein echter Dialog geführt. Auch der Dialogprozess, den die Deutsche Bischofskonferenz im vergangenen Jahr angestoßen hat, ist kein echter Dialog. Denn man darf ja nicht über alle Fragen reden. Die Frage der Ordination der Frau wurde zum Beispiel ausgeklammert.

Sind Sie, was die bisherige und zukünftige Wirkungsgeschichte des Konzils betrifft, eher hoffnungsvoll oder enttäuscht?
Ich war lange Zeit Optimist. Ich habe gesagt: Man muss nur Geduld haben. Das setzt sich alles durch. Meine Stimmungslage hat sich mit der Zeit immer mehr geändert. Ich neige seit einigen Jahren eher zu einer pessimistischeren Haltung. Ich nehme von den Leitungsinstanzen der Kirche nur bremsende Aktionen wahr und keine weiterführenden. Ich gehöre im Moment zur Gruppe der Enttäuschten.

Was ist die Ursache für die Bremse bzw. für den Stillstand?
In der Kirche, oder sagen wir mal in den führenden Kreisen der Kirche ist eine zentrale Haltung vorherrschend, das ist die Angst. Man hat den Eindruck unsere Bischöfe – vielleicht bin ich da etwas zu scharf – sind von Angst besetzt. Angst von oben, Angst von rechts und links, Angst von unten. Angst von oben, was damit gemeint ist, müsste klar sein. Angst von rechts und links: das sind zum einen die Kollegen, die sich nicht trauen, was zu sagen, und zum anderen die Kollegen, die gleich alles nach Rom melden. Angst von unten: das ist die nicht große, aber lautstarke Gruppe von Katholiken, denen der Kurs des Zweiten Vatikanischen Konzils nicht passt und die am liebsten eine Kirche hätten, wie sie nach ihrer Meinung früher einmal war. Sie sehnen sich nach einer Kirche, in der die Bischöfe Befehle geben und die Leute gehorchen. Das ist eine Minderheit, aber die Minderheit ist lautstark. Wenn man mit Leuten spricht, die in Diözesanleitungen tätig und etwas offen sind, dann ist es erstaunlich, welche Massen von Beschwerden da immer wieder ankommen. Es sind nicht viele, die sich melden, aber die, die sich melden, melden sich ständig. Auf die Frage, wie hoch der Prozentsatz von den Briefen ist, die sich über irgendwas beschweren,

hat Kardinal Döpfner einmal geantwortet: „Ach, fast 100 % beschweren sich." Und er fügte hinzu: „Ich muss mir ständig immer wieder sagen, das ist eine ganz kleine Minderheit, das ist nicht repräsentativ für die Stimmung an der Basis."

Zum Schluss noch eine Frage, die die Katholische Landjugendbewegung den Diskussionspartnern in ihrem Werkbrief zum Zweiten Vatikanischen Konzil immer zum Schluss gestellt hat: Was möchten sie jungen Menschen aus ihrer Konzils- und Lebenserfahrung mit auf den Weg geben?
Da kann ich nur sagen: den Mut nicht verlieren und den Mund aufmachen.

Den Mut nicht verlieren und den Mund aufmachen. Eine schöne Botschaft! Gerade auch, weil ich hier in Ihrem Zimmer ein Buch über Julius Kardinal Döpfner sehe. Döpfner war so ein Bischof, der den offenen Dialog schätzte und den Mund aufmachte …
Ja, Kardinal Döpfner war der bedeutendste Bischof in der deutschen Kirche im ganzen 20. Jahrhundert und wahrscheinlich auch noch darüber hinaus.

Die Fragen stellte Martin Schneider.

Rita Spangler

Dürfen dann die Pfarrer auch tanzen und Badehosen tragen?

An meine erste Begegnung mit dem Zweiten Vatikanischen Konzil kann ich mich sehr lebhaft erinnern: Als Pfarrjugendleiterin hatte ich einen spanischen Jesuitenpater in eine Gruppenstunde eingeladen. Er wollte uns aus dem kirchlichen Leben berichten. Im Sommer 1962 stand deshalb selbstverständlich für ihn das bevorstehende Konzil an erster Stelle: „Wisst ihr, dass im Herbst in Rom ein Konzil beginnen wird und sich daraus große Veränderungen in unserer Kirche ergeben werden?“ Die Reaktionen der Mädchen waren typisch: „Dürfen dann die Pfarrer auch tanzen – und Badehosen tragen?“ Er lachte herzlich und meinte: „Ach, da gibt es doch viel, viel wichtigere Themen!“ Wir Jugendliche erlebten Kirche damals als sehr distanziert und voller Verbote. Aus diesen – zugegeben humorigen – Fragen sprach deshalb das riesige Bedürfnis danach, dass der Glaube im Alltag erlebbar ist und den ganzen Menschen betrifft!

In unserem Dorf war aber ab Oktober 1962 nichts vom Konzil zu hören. Als ein Mann der Tat umging unser Ortspfarrer – wohl für ihn lästige – Diskurse. Er erklärte kurzerhand den hölzernen Flügelaltat als „sehr wurmstichig“ und ließ ihn abbauen. Danach war der Weg geebnet für den Volksaltar! Auch alle anderen liturgischen Veränderungen wurden – nach meiner Erinnerung kommentarlos – Zug um Zug eingeführt.

Die Mitfeier der Gottesdienste wurde durch die Gestaltung in deutscher Sprache für mich plötzlich zu einem Erlebnis: Ich verstand nun als „Neusprachlerin“ alles und war ganz anders eingebunden und beteiligt. Der Feierlichkeit tat dies überhaupt keinen Abbruch!

Und eines Tages wurde ich als Jugendvertreterin zum ersten Treffen eines Pfarrgemeinderates eingeladen. Es war spannend und sehr motivierend, sich nun auch für die Belange der ganzen Pfarrei – also nicht mehr nur für die Jugend – zu engagieren.

Nach meinen Umzug 1967 nach München-Schwabing lernte ich erst die ganze Fülle der Veränderungen durch das Konzil, besonders der Liturgiereform, mit ihren befreienden und hoffnungsvoll stimmenden Einzelheiten kennen und schätzen. „Die Mutter Kirche wünscht sehr, alle Gläubigen möchten zu der vollen, bewussten und tätigen Teilnahme an den liturgischen Feiern geführt werden. (...) Diese volle und tätige Teilnahme des ganzen Volkes ist bei der Erneuerung und Förderung der heiligen Liturgie aufs stärkste zu beachten, ist sie doch die erste und unentbehrliche Quelle, aus der die Christen wahrhaft christlichen Geist schöpfen sollen" (Sacrosanctum Concilium Nr. 14).
Faszinierend war für mich, wie eindrucksvoll die Gottesdienste gestaltet werden konnten. Unser Pfarrer Richard Lipold nahm die Konstitutionen und Dekrete des Konzils sehr ernst und warb unaufhörlich dafür, sich bei der Gestaltung der Gottesdienste und des Glaubenslebens zu beteiligen, z.B. als Lektorin und als Kommunionhelferin, in der Sakramentenvorbereitung, im Gemeindeleben und im Pfarrgemeinderat. Deshalb dauerte es nicht lange, bis ich mich wieder in der Pfarrgemeinde engagierte. Ich erlebte auch, dass viele der Kirche Fernstehende dadurch einen neuen Zugang zum Glauben bzw. kirchlichen Leben finden konnten!

Mein jahrzehntelanges ehrenamtliches Engagement in einem Frauenverband und in den Räten basiert auf der Ermutigung, die eigenen Charismen zu entdecken und einzubringen. Es ist mir seit langem ein großes Anliegen, dass sich die Gläubigen nicht in ihre „Kuschelecke" zurückziehen, sondern Mitverantwortung tragen. Diese Überzeugung ist im Dekret über das Laienapostolat „Apostolicam Actuositatem" grundgelegt: „Pflicht und Recht zum Apostolat haben die Laien kraft ihrer Vereinigung mit Christus, dem Haupt. Denn durch die Taufe dem mystischen Leib eingegliedert und durch die Firmung mit der Kraft des Heiligen Geistes gestärkt, werden sie vom Herrn selbst mit dem Apostolat betraut. (...) Zum Vollzug dieses Apostolates schenkt der Heilige Geist, der ja durch den Dienst des Amtes und durch die Sakramente die Heiligung des Volkes Gottes wirkt, den Gläubigen auch noch besondere Gaben. (...) Aus dem Empfang dieser Charismen, auch der schlichteren, erwächst jedem Glaubenden das Recht und die Pflicht, sie in Kirche und Welt zum Wohl der Menschen und zum Aufbau der Kirche zu gebrauchen" (Apostolicam Actuositatem Nr. 3).

Hanna Stützle

Ein Neuaufbruch ist auch heute möglich

Um es ehrlich zu sagen: Ich habe sowohl die jahrelangen Vorbereitung als auch den Verlauf des Konzils nicht intensiv verfolgt. Vielleicht lag es daran, dass ich als Mutter von drei kleinen Kindern mit Familie und Haushalt (wer hatte schon eine Wasch- oder gar Geschirrspülmaschine) voll beschäftigt war. Die Tageszeitung und das Radio berichteten zwar immer wieder von dem Großereignis „Konzil“, aber sie vermochten nicht, zumindest nicht bei mir, ein über Tagesmeldungen hinaus gehendes Interesse am Fortgang des Konzils zu wecken.
Was ich aber bewusst wahrnahm und mitgestaltete, sind die Veränderungen, die durch das Konzil möglich wurden. Es waren nicht die Texte, die mich beflügelten, sondern der frische Wind, den Papst Johannes XXIII. durch die weit geöffneten Fenster in die Kirche strömen ließ. Frischen Wind, das wünschten sich damals viele Menschen in unserer Kirche, vor allem nach dem Zweiten Weltkrieg. Dennoch war es eine weltweite Überraschung, vor allem innerhalb der katholischen Kirche, als der schon betagte Papst Johannes XXIII. am 25. Januar 1959 das Zweite Vatikanische Konzil ausrief. Er wollte „aggiornamento“ – „Verheutigung“ in der Kirche. „Erstmals in der Kirchengeschichte war ein Konzil einberufen worden nicht, um gegen Irrtümer vorzugehen, also zu reagieren, sondern um die Initiative zu ergreifen und Wege zu suchen, wie sie die ihr von Christus übertragene Sendung an der Welt von heute wirksam erfüllen kann“, so Friedrich Kardinal Wetter[*)]. Die Diskussion über mögliche Themen und Ziele des Konzils war eröffnet – nicht nur in kirchlich interessierten Kreisen.

Wenn ich an meine Jugendzeit in den 1940er und 1950er Jahren zurück denke, dann war unser und mein Wunsch damals, dass wir eingebunden sein wollten in den Gottesdienst. Wir, die Masse der „Nicht-Lateiner“, wollten verstehen, was

*) Vgl. Vorwort der Schriften des Archivs des Erzbistums München und Freising, Band 9.

gebetet und was gesungen wird. Die Liturgische Bewegung hat in Deutschland in den 1920er Jahren den Anstoß dazu gegeben. Ich war im Heliand und in der Pfarrjugend auch als Gruppenführerin eingebunden. Wir feierten unsere Gottesdienste als so genannte „Gemeinschaftsmesse". Die Texte wurden nicht nur in Latein gelesen, gebetet und gesungen, sondern auch in unserer Muttersprache. Ich nahm deshalb gerne den „Schott" mit zur Heilige Messe.
In dem Kreis meiner ehemaligen Pfarrjugend wurde deshalb mit großer Freude und Erwartung die Konstitution über die heilige Liturgie „Sacrosanctum Concilium" aufgenommen. Die Muttersprache in der Liturgiefeier war nun erlaubt. Die Liturgiereform brachte viele Veränderungen, z. B. den „Volksaltar". In der bisherigen Tridentinischen Messe zelebrierte der Priester mit dem Rücken zum Volk. Wer hat die Gläubigen der Pfarrgemeinde mit den Veränderungen vertraut gemacht? Nicht in jeder Pfarrei geschah dies. Mit Erstaunen mussten wir Kirchgänger einige Zeit nach dem Konzil in meiner Pfarrei sehen, wie ohne Vorankündigung die Kanzel abgerissen, der Hochalter auseinandergenommen wurde. Er wurde durch den Altartisch ersetzt, der die Versammlung um den Tisch des Herrn in der Gottesdienstgemeinde fördern sollte. Die baulichen Anpassungen an das veränderte Liturgieverständnis wären nach einem offenen Gespräch sicher verstanden worden. Rückblickend frage ich mich, warum die Konzilsbeschlüsse und die sich daraus ergebende neue Sicht von Kirche und Welt nicht wenigstens den Kirchgängern stärker vermittelt worden sind.

Eine einschneidende Veränderung, die das Konzil bewirkte, ist das Verständnis von Gemeinde. Vor dem Konzil gab es neben der Kirchenverwaltung Pfarrausschüsse. In dieses Gremium wurde man vom Pfarrer berufen, Frauen waren selten dabei. Im Konzilsdekret über das Laienapostolat „Apostolicam Actuositatem" erfährt der Laie eine bisher nicht gekannte Aufwertung. Es untermauert den eigenständigen Sendungsauftrag der Laien und stellt die Pflicht und das Recht zum Apostolat heraus.
Unser Erzbischof, Julius Kardinal Döpfner, war einer der vier Moderatoren des Konzils und übte großen Einfluss auf die Entscheidungen aus. So ist es nicht verwunderlich, dass in unserer Diözese bereits 1968 die erste Wahl zum Pfarrgemeinderat stattfand. Für mich war dies der Anlass, wieder mehr in die Arbeit der Pfarrgemeinde einzusteigen. In meiner Pfarrei waren die Ehemaligen aus der katholischen Jugend aktiv daran beteiligt, die Pfarrgemeinderatswahl durchzusetzen.

Zur Verwirklichung der Beschlüsse des Zweiten Vatikanischen Konzils hat die Deutsche Bischofskonferenz im Februar 1969 beschlossen, in Würzburg von 1971 bis 1975 eine Gemeinsame Synode der Bistümer in der Bundesrepublik Deutschland abzuhalten. Die Synode hat – neben vielen anderen wichtigen Weichenstellungen – einheitliche Regelungen für die gewählten Räte in Pfarrei bis zu den Diözesen festgelegt. Den Vorsitz hat in diesen Gremien ein Laie.
Als Vorsitzende des Diözesanrats (1982-1998) habe ich immer auf die Wichtigkeit der Konzils- und Synodenbeschlüsse für unsere Stellung als Laien und unsere Tätigkeit als Räte und Verbandsvertreter hingewiesen. Richard Pinzl, vielen noch in Erinnerung als Redakteur der Kirchenzeitung, hat mich gedrängt, die Möglichkeiten der Umsetzung der Konzilsbeschlüsse für unsere Mitarbeiter und Mitarbeiterinnen aufzuzeigen. Daraus ist mein Buch „Glauben heißt handeln – Herausforderung der Laien in Kirche und Gesellschaft" entstanden.

Zwei Konzilsdekrete sind mir noch heute besonders wichtig: Zum einen die dogmatische Konstitution über die Kirche (Lumen Gentium). Sie spricht von der gemeinsamen Sendung aller Getauften und Gefirmten. Zum anderen die pastorale Konstitution über die Kirche in der Welt von heute (Gaudium et Spes). Sie wendet sich nicht nur an die, „die Christi Namen" anrufen, sondern an alle Menschen, sie betont die Würde des sittlichen Gewissens, die hohe Bedeutung der Freiheit und die Pflicht zur Weltverantwortung.

Persönliche Erinnerungen an das Zweite Vatikanische Konzil sollte ich aufschreiben. Mir ist dabei bewusst geworden, wie viel noch der Umsetzung harrt. Die Aussagen des Konzils sind heute noch so aktuell wie damals. Sie müssen weiterhin Richtschnur für jeden Katholiken und für unsere Kirche sein. Lassen wir uns nicht anstecken von der, wie mir scheint, immer wieder aufkeimenden Resignation. Ein Neuaufbruch im Sinne des Konzils ist auch heute noch möglich. Bitten wir den Heiligen Geist.

Bernhard Utters

Jesu Geist in unserer Mitte

Dreizehn Jahre war ich alt, als das Konzil begann. Unsere Familie besaß damals schon einen Fernsehempfänger (schwarz/weiß) und ich erinnere mich noch an die Bilder, als die Konzilsväter in den Petersdom einzogen. Natürlich habe ich noch nicht geahnt, dass sich dort Großes anbahnte; war ich doch stolz, dass ich als Quartaner eines humanistischen Gymnasiums das „Confiteor" und das „Suscipiat" nicht nur fehlerfrei aufsagen, sondern sogar verstehen konnte. So war die Liturgiereform zunächst das greifbarste Ergebnis für mich, aber auch für viele andere, die ich erst viel später kennenlernen und mit denen ich zusammenarbeiten sollte. Messen wurden jetzt nicht mehr gelesen, sondern gefeiert und unsere Rolle als Laien bestand nicht mehr nur im Hören, sondern – wenn auch erst ganz langsam – im Mittun. Ich erinnere mich, dass mein Vater zu der Zeit aufgrund der sich durchsetzenden Neuerungen verunsichert war. In einem konservativ-katholischen Elternhaus aufgewachsen, musste er seinen Kompass neu justieren. Dass da auch Konflikte mit seinen Kindern und insbesondere mit mir, als dem Ältesten und in der Jugendarbeit sich mehr und mehr Engagierenden nicht ausblieben, liegt auf der Hand. Der festgefügte Kanon hatte ihm Sicherheit gegeben. Ich erinnere mich aber auch, dass, angesteckt vom Geist des Konzils und einem sehr konziliaren Religionslehrer, einem Dominikaner, nach dem Abitur zwei Mitschüler aus meiner Klasse in eben diesen Orden eingetreten sind, und zwei weitere Theologie studiert haben. Vier von achtzehn – das ist doch eine ordentliche Quote. Religionsunterricht machte damals Spaß und Kirche begann attraktiv zu werden.

Aufbruchsstimmung erlebte ich dann vor allem in der Jugendarbeit. Sehr früh schon habe ich mich anstecken lassen und übernahm Verantwortung in der Katholischen Jungen Gemeinde (KJG), die damals noch Katholische Jungmänner Gemeinschaft hieß. Bei den Mädchen und jungen Damen hieß der entsprechende Verband Katholische Frauenjugend Gemeinschaft. Kurz nach Beendigung

des Konzils wurde der Zusammenschluss beschlossen und ein Jahr später der neue Name kreiert. War er nicht Programm? *Katholische Junge Gemeinde!* Bei den entsprechenden Konferenzen wurde nicht nur ein neuer Name gefunden, sondern auch ein Programm entwickelt, dass mich seitdem nicht mehr losgelassen hat. 1972 beim Pfingsttreffen der KJG in Fulda haben wir zum ersten Mal gesungen: „Unser Leben sei ein Fest. Jesu Geist in unserer Mitte, Jesu Werk in unseren Händen“ und „Die Sache Jesu braucht Begeisterte, sein Geist sucht sie auch unter uns. Er macht uns frei, damit wir einander befrei'n.“ Wenn man sich das recht überlegt, ist das ein Kondensat einiger seitenlanger Konzilstexte.
Vielleicht war dieser Aufbruchstext einigen zu stark kondensiert. Zumindest wurde uns damals vom Bischof verwehrt, unseren Festgottesdienst in einer Kirche zu feiern. Wir sind dann in einen in der Nähe liegenden Saal ausgewichen. Dieser Gottesdienst sollte einer der wichtigsten in meinem Leben werden. Selten habe ich die Nähe des Heiligen Geistes so unmittelbar gespürt. Die KJG hatte damals großen Zulauf. In der Erzdiözese Köln, wo ich damals lebte, haben wir die Mitgliederzahlen von 8000 auf 15000 fast verdoppelt. Attraktiv waren wir, weil wir die Anliegen der jungen Menschen artikulierten, Möglichkeiten des Engagements in einer sich verändernden Kirche anboten und dabei auch mit konstruktiver Kritik nicht sparten.
Natürlich haben wir viel herumexperimentiert. Und nicht alles war gelungen. Wir mussten uns manche Freiräume auch erkämpfen, um einfach mal etwas Neues ausprobieren zu können. Meist hatten wir gute geistliche Begleiter, die mit uns auf dem Weg waren, uns Jüngeren den Rücken stärkten und als Gesprächspartner zur Verfügung standen. Und die Diskussionen dauerten manchmal Stunden, und so manche Nacht haben wir uns um die Ohren geschlagen und um Lösungen gerungen. Mit vielen dieser Begleiter bin ich heute noch freundschaftlich verbunden.

Die *Gemeinsame Synode der Bistümer in der Bundesrepublik Deutschland* (Würzburger Synode) war eine konsequente Folge des Konzils. Es ging um die Operationalisierung der Konzilsbeschlüsse für unsere Kirche in Deutschland. Als Jugendverbandsvertreter war ich damals natürlich insbesondere in die Diskussionen um die „Ziele und Aufgaben kirchlicher Jugendarbeit“ eingebunden. Um jeden Satz wurde gerungen, ging es doch darum, die zukunftsweisenden Beschlüsse des Konzils zu bewahren und für die konkrete Situation bei uns weiterzuentwickeln. Eine wesentliche Forderung war, dass man Räume schaffen müsse, in denen Jugendarbeit passieren konnte. Als Vertreter des BDKJ im Vorstand des Bayerischen Jugendrings hatte ich die Möglichkeit, die Bedingungen – sprich: Förderrichtlinien – mitzugestalten, in denen diese Forderung bedient werden konnte. An vielen Orten entstanden damals Jugendheime, Jugendzentren und Jugendbildungsstätten. Hier konnte ich meinem Auftrag als Christ in der Welt erfüllen.

Viele Jahre intensiver Berufstätigkeit in einer Bank, zunächst in der Personalentwicklung, später im internationalen Geschäft folgten. Was mich in jungen Jahren geprägt hatte, hat mich in meiner Karriere begleitet: Kritisch nachfragen, die Frage nach dem Menschenbild und dem Umgang miteinander oder wie der hl. Thomas Morus es formuliert hatte: *„Nie hätte ich daran gedacht, einer Sache zuzustimmen, die gegen mein Gewissen gewesen wäre.“* Und da gab es einige Probleme, die nicht leicht zu lösen waren. Aber das kannten wir ja und hatten in der Jugendarbeit trainiert zu unterscheiden.

Eine weitere Erfahrung kommt mir in den Sinn. Vor 25 Jahren zog ich in eine kleine Pfarrgemeinde im Münchner Umland, an der Konzil und die Synode scheinbar spurlos vorübergegangen waren. Hier wurden Messen noch „gelesen“; zur Kommunion ging man nur dann, wenn der Pfarrer „Kommunion der Pfarrgemeinde“ – sic! expressis verbis (sorry: ausdrücklich) – ankündigte. Es gab keinen Volksaltar, keine Ministrantinnen, von Lektoren oder gar Lektorinnen ganz abgesehen. Und überhaupt schien die Zeit hier stehengeblieben zu sein. Hier brauchst Du einen starken Glauben, habe ich zu meiner Frau gesagt.
„Die Sache Jesu braucht Begeisterte“ und von dieser Begeisterung war noch genug da. Also haben wir nach der Resignation des damaligen Pfarrers gemeinsam mit dem neu eingesetzten Pfarradministrator angefangen, Gemeinde aufzubauen. Und siehe da: Die Gemeinde war ansprechbar und dankbar. In kleinen Schritten geht's vorwärts, immerhin: vorwärts. Der Gottesdienst ist wieder relativ gut besucht, weil die Leute merken, dass er etwas mit ihnen zu tun hat und nicht ein *theatrum sacrum* ist. Manchmal dauert es 50 Jahre, bis das Pflänzchen zu blühen beginnt. Jetzt gilt es, die aufgegangene Saat zu pflegen und nicht vertrocknen zu lassen.

Friedrich Kardinal Wetter

Das Zweite Vatikanische Konzil ist ein großes Geschenk Gottes

Was verbinden Sie mit dem Zweiten Vatikanischen Konzil?
Dankbarkeit und Freude. Denn die Kirche hat sich auf dem Konzil der Herausforderung gestellt, ihren Auftrag in einer veränderten Welt zeitgemäß wahrzunehmen und dadurch den Willen Jesu zu erfüllen. Es ging nicht darum, sich der Welt anzugleichen, sondern sich auf die Herausforderungen der Moderne einzustellen. Damit hat das Konzil die Weichen gestellt für den Weg der Kirche in das neue Jahrtausend. Ich sehe im Konzil ein Ereignis, an dem man ablesen kann, wie Gottes Geist wirkt. Selbst unsichtbar ist er anwesend im Suchen und Ringen der Bischöfe und ihrer Berater und hilft, die richtigen Antworten auf die anstehenden Fragen zu finden. Das Zweite Vatikanische Konzil ist ein großes Geschenk Gottes, das auch uns heute anvertraut ist und durch unser Eingehen auf seine Weisungen auch in uns Früchte tragen soll.

Wie war die Stimmung zur Zeit des Konzils – gerade auch unter den jungen Priestern und Theologen bzw. Dozenten?
Es herrschte eine große Spannung und Neugier. Denn niemand hatte ein Konzil erlebt. Weil das Konzil ein Novum war, verfolgten wir die Vorgänge und erwarteten gespannt, was herauskommt.

Welche Erwartungen, Hoffnungen, ggf. auch Ängste schwangen mit?
Änderungen lagen in der Luft. So hatte die Liturgische Bewegung Erwartungen für eine Erneuerung der Liturgie geweckt. vor allem eine Form der Messfeier, welche die Gemeinde mehr miteinbezieht. Die theologische Entwicklung ließ uns junge Theologen eine Neubesinnung auf das Geheimnis der Kirche erwarten, auf eine vertiefte Sicht der Bibel und ihrer Bedeutung für unser Leben. Und natürlich richtete sich unsere Erwartung darauf, wie die Kirche sich positioniert gegenüber der modernen Welt.

Was bekamen Sie – speziell auch an der Philosophisch-Theologischen Hochschule in Eichstätt – vom Konzil mit?
Ich verfolgte mit Spannung die Vorgänge in Rom, hörte und las die regelmäßigen Kommentare. Für mich war dies besonders bedeutsam und interessant, da ich in den Vorlesungen Fragen zu behandeln hatte, über die in Rom debattiert wurde, z. B. das Selbstverständnis der Kirche oder die Offenbarung mit den Fragen nach der Heiligen Schrift und der Überlieferung des Glaubens.
Eine hilfreiche Vorbereitung auf das Konzil war für uns der Eucharistische Weltkongress 1960 in München gewesen, der eine Generalprobe für das Konzil war, wie Papst Johannes XXIII. sich ausdrückte. Tatsächlich zeigten sich in München bereits die großen Themen der Liturgie und der Lehre von der Kirche.

---

aus: Zweites Vatikanisches Konzil – Mit der Tradition in die Zukunft. © Landesstelle der Katholischen Landjugend Bayerns e.V., München 2011 (www.landjugendshop.de), S. 87.

Anhang

Der Verlauf des Zweiten Vatikanischen Konzils: Themen und Konflikte

Ankündigung und Vorbereitung des Konzils

25. Januar 1959: Papst Johannes XXIII. kündigt drei Monate nach seiner Wahl in der Basilika „St. Paul vor den Mauern“ an, dass er beabsichtige, ein Konzil für die Weltkirche einzuberufen. Ziele dieses Konzils seien die „Erneuerung“, „größere Klarheit im Denken“ und „Stärkung des Bandes der Einheit“.

17. Mai 1959: Der Papst bildet die Kommission, die die Vorbereitung des Konzils in Gang setzen soll. Kardinal Tardini fordert die Bischöfe, Ordensoberen sowie die kath. Universitäten und Fakultäten auf, Vorschläge für das Beratungsprogramm des Konzils einzureichen.

5. Juni 1960: Der Papst leitet die Bildung von zehn Kommissionen ein: Lehrfragen-theologische Kommission; Bischöfe und Diözesanverwaltung; Disziplin (Lebensweise) von Klerus und Volk; Sakramentenpraxis; Studium und Schulen; Orden; Liturgie; Orientalische Kirchen; Missionen; Laienapostolat. Desweiteren wird eine Zentralkommission gebildet, bestehend aus 108 Mitgliedern plus 27 Konsultatoren (Berater). Teilnehmer sind die Vorsitzenden der 10 Vorbereitungskommissionen, die Vorsitzenden der nationalen und regionalen Bischofskonferenzen. Ende 1961 waren 827 Personen mit der Vorbereitung des Konzils beschäftigt. Außerdem gründete Johannes XXIII. das „Sekretariat zur Förderung der Einheit der Christen“ und das Pressesekretariat.

25. Dezember 1961: Ankündigung des Konzils für das Jahr 1962.

2. Februar 1962: Bekanntgabe der Eröffnung des Konzils für den 11. Oktober 1962.

11. Oktober 1962: Die 2.540 stimmberechtigten Mitglieder treffen sich in der Benediktionsaula des Vatikans und ziehen gemeinsam mit Johannes XXIII. auf den Petersplatz und von dort in die Konzilsaula im Petersdom.

1. Sitzungsperiode: 11. Oktober bis 8. Dezember 1962

Diese Sitzungsperiode diente der Besetzung der Kommissionen und der allgemeinen Debatten. Es deutete sich sehr schnell an, dass es im Verlauf des Konzils zu einer Auseinandersetzung zwischen den „Erneuerern" und den „Bewahrern" kommen würde. Die Kurie wollte das Konzil maßgeblich bestimmen und versuchte, auf die Besetzung der wichtigsten Positionen und auf die Tagesordnung Einfluss zu nehmen. Am Ende der Session einigten sich die Konzilsmitglieder darauf, die vorliegenden 69 Entwürfe auf 20 zu verringern. In der ersten Sitzungsperiode wurden noch keine Dokumente verabschiedet.

2. Sitzungsperiode: 29. September bis 4. Dezember 1963

Die zweite Sitzungsperiode wurde am 29. September von Papst Paul VI. eröffnet. Dieser war am 21. Juni 1963 zum Nachfolger des am 3. Juni verstorbenen Johannes XXIII. gewählt worden. Konkreter als sein Vorgänger dies getan und wohl auch gewollt hätte, stellte Paul VI. den Konzilsvätern vier Hauptaufgaben für die Session und das Konzil insgesamt: Neben der Frage nach dem lehramtlichen Wesen der Kirche, ihrer Erneuerung und ihr Gespräch mit der modernen Welt war die Förderung der Einheit der Christen ein vom Papst formuliertes Ziel des Konzils. Innerhalb dieser Sitzungsperiode wurde insbesondere die Zahl der Kommissionsmitglieder aufgestockt, sowie in jeder Kommission ein Vizepräsident bestimmt und ein Sekretär beigeordnet, damit das Verfahren insgesamt beschleunigt würde. Ferner genügte fortan die einfache Mehrheit zur Verwerfung eines Themenentwurfes. Auch diese Sitzungsperiode war vom Gegensatz zwischen konservativen und progressiven Kräften bestimmt. Das Konzil diskutierte u. a., welche Rolle den Bischöfen in Zukunft zukommen solle. Die progressiven Konzilsväter befürworteten eine größere Gemeinschaft. Diesen Gedanken der Gemeinschaftlichkeit versuchten die konservativen Kräfte zu unterbinden. Am 8. November kam es zu der historisch gewordenen Protestrede des Kölner Kardinals Josef Frings. Er protestierte gegen die Kampagne der konservativen Kräfte und wandte sich schließlich gegen die Institution des Heiligen Offiziums und seines Sekretärs, Kardinal Ottaviani. Er sprach sich für eine Reform des Offiziums aus. Am letzten Tag der Sitzungsperiode wurden dann als erstes sichtbares Konzilsergebnis zwei Dekrete verabschiedet: die Konstitution „Über die Liturgie" (Sacrosanctum Concilium) und das Dekret „Über die sozialen Kommunikationsmittel" (Inter Mirifica).

3. Sitzungsperiode: 14. September bis 21. November 1964

Diese 3. Sitzungsperiode stellte den Höhepunkt des Konzils dar, brachte aber auch die bislang schwerste Krise mit sich. Am 19. November sollte das Dekret zur Religionsfreiheit verabschiedet werden. Das Konzil geriet in eine Krise, als die Sitzung, in welcher der Beschluss gefasst werden sollte, kurzfristig vertagt wurde. In dem den Konzilsteilnehmern vorliegenden Entwurfsdokument war eine Abkehr vom alten Anspruch der katholischen Staatslehre vorgesehen, dass der Kirche als Vertreterin der wahren Religion der Vorrang vor „dem Irrtum" auch im gesellschaftlichen Zusammenleben einzuräumen sei. Trotz der Mehrheit, die sich für eine Abstimmung über das Dekret aussprach, gab der Papst dem Wunsch der Konservativen, die um eine Vertagung gebeten hatten, nach. Erst ein Jahr später in der vierten Sitzungsperiode wurde dieses Dokument in überarbeiteter Form als „Erklärung über die Religionsfreiheit" verabschiedet. Zu gravierenden Konflikten kam es auch im Vorfeld der Verabschiedung der dogmatischen Konstitution „Über die Kirche" (Lumen Gentium) am 14. November. Dennoch wurden in dieser Sitzungsperiode schließlich drei Dokumente veröffentlicht: Das Dekret „Über den Ökumenismus" (Unitatis Redintegratio), das Dekret „Über die katholischen Ostkirchen" (Orientalium Ecclesiarum) und die Konstitution „Über die Kirche" (Lumen Gentium). Letzteres Dokument ist deshalb so bemerkenswert, weil es die Jahrhunderte lange Suche nach dem Selbstverständnis der katholischen Kirche beendete und weil diese dogmatische Konstitution den Mittelpunkt der Konzilsentscheidungen darstellt, aus dem heraus alle anderen Entscheidungen verständlich werden.

4. Sitzungsperiode: 14. September bis 8. Dezember 1965

In dieser Sitzungsperiode wurden elf weitere Dokumente verabschiedet. Der Schwerpunkt der Arbeit lag im detaillierten Ausarbeiten der Konzilstexte und in Beschlussfassungen.

Der Text ist entnommen aus: 50 Jahre II. Vatikanisches Konzil. Glaubensupdate des Kreisbildungswerkes Ebersberges (Juni-Ausgabe 2012): http://ebersberg2.keb-muenchen.de/fileadmin/Ebersberg/Dokumente/Glaubensupdate_50_Jahre_II._Vatikanisches_Konzil.pdf

Die Rechtsformen der Konzilsdokumente

Das Zweite Vatikanische Konzil beschloss 16 Konzilstexte, die jeweils mit den ersten beiden lateinischen Anfangswörtern (bzw. deren Anfangsbuchstaben) abgekürzt werden. Bedeutung und Wichtigkeit der Texte sind allerdings unterschiedlich. Dies wird durch unterschiedliche Bezeichnungen ausgedrückt:

- **Erklärungen** enthalten wichtige lehramtliche Aussagen, erhellen jedoch nur Einzelaspekte der christlichen Lehre bzw. des christlichen Lebens.
- **Dekrete** regeln dagegen vor allem praktische Probleme und veralten spätestens dann, wenn sich das angesprochene Themengebiet verändert, sei es durch gesellschaftliche Veränderungen oder neuere wissenschaftliche Erkenntnisse und Forschungen.
- **Konstitutionen** sind schon durch ihren Namen mit den großen Dokumenten der vorausgehenden Konzilien verbunden. Sie beanspruchen höchste Autorität.

Im Gegensatz zu anderen Konzilien gab es auf diesem keine Verurteilungen. Es verstand sich explizit als pastorales Konzil, woraus sich jedoch nicht ableiten lässt, dass seine Beschlüsse geringere Verbindlichkeit besäßen als die Texte früherer Konzilien. Sie enthalten jedoch viele zeitgebundene Elemente und Formulierungen. Alle Konzilstexte wurden mit einer überwiegenden Mehrheit, welche die erforderlichen zwei Drittel aller Stimmen weit übertraf, feierlich vom versammelten Weltepiskopat (= versammelte Bischöfe der Welt) in Gemeinschaft mit dem Papst verabschiedet und sind von allen Gläubigen damit als Lehre des obersten kirchlichen Lehramtes (= Papst und Bischofskollegium) zu akzeptieren und festzuhalten.

Übersicht über die Konzilsdokumente und ihre Inhalte

Kürzel	Lateinischer Name und erste Worte	Deutsche Bezeichnung und Datum der Verabschiedung	Wichtigste Inhalte
SC	Sacrosanctum Concilium *„Das heilige Konzil hat sich zum Ziel gesetzt, das christliche Leben unter den Gläubigen mehr und mehr zu vertiefen …"*	Die Konstitution über die heilige Liturgie 04.12.1963	SC behandelt das innere Leben der Kirche und ihre Heiligungsaufgabe durch ihre Liturgie. Dabei werden sämtliche Bereiche der Liturgie behandelt — vom grundsätzlichen Verständnis von Liturgie über die verschiedenen Gottesdienstformen bis hin zur Rolle der Kirchenmusik und sakralen Kunst. Besonders zentral ist die aktive Teilnahme der Gläubigen.
IM	Inter Mirifica *„Unter den erstaunlichsten Erfindungen der Technik …"*	Das Dekret über die sozialen Kommunikationsmittel 04.12.1963	IM behandelt die Sendung der Kirche nach außen im Verhältnis zur profanen Weltsituation. Die sozialen Kommunikationsmittel – der Zeit entsprechend vor allem Rundfunk, Fernsehen und Zeitungen – erfahren eine positive Würdigung und werden zur Verwendung in der Verkündigung empfohlen.
LG	Lumen Gentium *„Christus ist das Licht der Völker."*	Die dogmatische Konstitution über die Kirche 21.11.1964	LG behandelt das grundsätzliche Selbstverständnis der Kirche. Zum alten klerikal-hierarchischen, von oben nach unten gegliederten Kirchenbild tritt ein neues Verständnis von Kirche, das von der gemeinsamen Sendung aller in Taufe und Firmung ausgeht; Stichworte sind u.a. Volk Gottes, Gleichheit der Glieder der Kirche, gemeinsames Priestertum aller Gläubigen, Communio, Dienstfunktion der Ämter. Die Laien werden positiv als Subjekte der Seelsorge und nicht einfach als Nichtkleriker definiert. Es gibt einen eigenen Abschnitt über die Ordensleute und über Maria.

Kürzel	Lateinischer Name und erste Worte	Deutsche Bezeichnung und Datum der Verabschiedung	Wichtigste Inhalte
OE	Orientalium Ecclesiarum *„Die Ostkirchen mit ihren Einrichtungen und liturgischen Bräuchen …“*	Das Dekret über die katholischen Ostkirchen 21. 11. 1964	OE weitet das bisher auf die lateinisch geprägte Kirche konzentrierte Verständnis von Katholizität. Besonders geht es dabei auf die mit Rom verbundenen (unierten) Ostkirchen ein. Es würdigt die historisch gewachsene Vielfalt u. a. in den Riten.
UR	Unitatis Redintegratio *„Die Einheit aller Christen wiederherstellen zu helfen …“*	Das Dekret über den Ökumenismus 21. 11. 1964	UR stellt den offiziellen Eintritt der katholischen Kirche in den Prozess der Ökumene: dar. Dabei wird das Verbindende in den Mittelpunkt gestellt, vor dem das Trennende zu diskutieren ist. Es kommt zu einer gewissen Selbstrelativierung durch die Anerkennung von Wertzuschätzendem in den anderen christlichen Kirchen und kirchlichen Gemeinschaften.
CD	Christus Dominus *„Christus, der Herr, der Sohn des lebendigen Gottes …“*	Das Dekret über die Hirtenaufgabe der Bischöfe und der Kirche 28. 10. 1965	In CD wird die Verantwortung des Bischofs als Hirte im Bezug auf die Gesamtkirche / Papst, auf die Teilkirche und auf die Mitbischöfe dargestellt, wobei u. a. eine stärkere Einbeziehung von Bischöfen und Laien in die Arbeit der römischen Behörden empfohlen wird.
OT	Optatam Totius *„Die erstrebte Erneuerung der gesamten Kirche hängt zum großen Teil …“*	Das Dekret über die Ausbildung der Priester 28. 10. 1965	OT behandelt vor allem die Neuordnung der Priesterausbildung (an den Fakultäten, in den Seminaren etc.), in der jedoch die nun zahlreichen Laien, die Theologie studieren, noch nicht ausreichend behandelt sind.
PC	Perfectae Caritatis *„Die Heilige Synode hat bereits in der Konstitution, die mit den Worten ‚Das Licht der Völker‘ beginnt, dargelegt, dass das Streben nach vollkommener Liebe …“*	Das Dekret über die zeitgemäße Erneuerung des Ordenslebens 28. 10. 1965	PC stellt das Ordensleben unter die Prinzipien subjektive (persönliche) Verantwortung und kirchliche Orientierung und gibt Leitlinien für eine Erneuerung des Ordenslebens (u. a. Ordenstracht).

Kürzel	Lateinischer Name und erste Worte	Deutsche Bezeichnung und Datum der Verabschiedung	Wichtigste Inhalte
GE	Gravissimum Educationis *„Über die entscheidende Bedeutung der Erziehung…“*	Die Erklärung über die christliche Erziehung 28.10.1965	GE würdigt Erziehung und Bildung als Menschenrechte, ebenso den Wert der Forschung und die Freiheit der Wissenschaft.
NA	Nostra Aetate *„In unserer Zeit, da sich das Menschengeschlecht von Tag zu Tag enger zusammenschließt…“*	Die Erklärung über das Verhältnis der Kirche zu den nichtchristlichen Religionen 28.10.1965	NA würdigt das Verbindende mit den anderen Religionen, wobei Islam und speziell das Judentum eine besondere Würdigung erfahren. Die Zwistigkeiten und Feindschaften der Geschichte werden nicht ausgeklammert. Ein wahrer Meilenstein des Konzils durch die nun völlig neue Sicht auf die nichtchristlichen Religionen.
DV	Dei Verbum *„Gottes Wort voll Ehrfurcht hörend und voll Zuversicht verkündend…“*	Die dogmatische Konstitution über die göttliche Offenbarung 18.11.1965	DV widmet sich im Besonderen der Definition von Offenbarung, die als Selbstmitteilung Gottes verstanden wird, und ihren Quellen. Das schwierige Verhältnis von (wiederentdeckter) Heiliger Schrift, Traditon und Lehramt wird besonders erläutert, der Exegese eine wichtige Rolle zugestanden und die Bedeutung der historisch-kritischen Methode anerkannt.
AA	Apostolicam Actuositatem *„Um dem apostolischen Wirken des Gottesvolkes mehr Gewicht zu verleihen…“*	Das Dekret über das Laienapostolat 18.11.1965	AA würdigt die Laien erstmals in der Kirchengeschichte mit einem eigenen Konzilsdokument. Es spricht vom eigenständigen Apostolat (Sendung) der Laien und zeugt von einer wertschätzenden Entdeckung der Welt, in welche die Laien besonders gesendet sind. Die Kleriker haben die Laien dabei zu unterstützen.

Kürzel	Lateinischer Name und erste Worte	Deutsche Bezeichnung und Datum der Verabschiedung	Wichtigste Inhalte
GS	Gaudium et Spes *„Freude und Hoffnung, Trauer und Angst der Menschen von heute…“*	Die pastorale Konstitution über die Kirche in der Welt von heute 07. 12. 1965	GS behandelt wie kein anderes Dokument die Sendung der Kirche nach außen. Es wird aber nicht aus der Sicherheit der kirchlichen Tradition von oben herab geurteilt, sondern anerkannt, dass die Kirche durch die Wahrnehmung der Welt selbst eine Lernende ist. Sie versucht „die Zeichen der Zeit im Lichte des Evangeliums zu deuten“, dadurch die Botschaft Jesu Christi in die Gegenwart zu übersetzen und ihr eigenes Handeln in der Welt näher zu bestimmen. Verschiedenste Bereiche werden behandeit und so eine Theologie der Welt im Durchgang durch ihre konkreten Fragen und Nöte entwickelt. Dabei werden bis heute aktuelle Themen angesprochen (z. B. Ehe und Familie, Wirtschaftsleben, politisches Leben, Frieden und Gerechtigkeit u.v.m.), Bioethische Fragestellungen konnten zeitbedingt noch nicht berücksichtigt werden. Auch zum Atheismus wird Stellung genommen und durchaus eine selbstkritische Haltung eingenommen. Insgesamt ist das Dokument gerade bei der Behandlung von Einzelfragen allerdings deutlich von den Verhältnissen der damaligen Zeit geprägt. Die revolutionäre Veränderung in der Bestimmung des Verhältnisses von Welt und Kirche aber ist bleibendes Vermächtnis von GS.
PO	Presbyterorum Ordinis *„Schon mehrfach hat diese Heilige Synode alle auf die Würde des Priesterstandes in der Kirche hingewiesen“*	Das Dekret über Dienst und Leben der Priester 07. 12. 1965	PO behandelt die Gestalt des priesterlichen Dienstes, den Kontext seiner Beziehungen (u.a. zum Bischof, den anderen Priestern, den Laien), die priesterliche Spiritualität und Existenz. Dabei vermeidet PO eine idealistische Überzeichnung oder ein heroisches Priesterbild und ist sich der Probleme von Einsamkeit, Vergeblichkeit und daraus evtl. erwachsender Mutlosigkeit durchaus bewusst.

Kürzel	Lateinischer Name und erste Worte	Deutsche Bezeichnung und Datum der Verabschiedung	Wichtigste Inhalte
AG	Ad Gentes *„Zur Völkerwelt von Gott gesandt, soll die Kirche…“*	Das Dekret über die Missionstätigkeit der Kirche 07.12.1965	AG erklärt die Missionstätigkeit zum Wesen der Kirche. Dies meint, dass sie gesendet, missionarisch, unterwegs, d.h. in Bewegung ist. Diese Sendung gründet in der liebevollen Selbstgabe des Vaters im Sohn an die Welt und hat nichts mit Bekehrungszahlen zu tun, sondern mit einem lebendigen, tätigen Zeugnis des Lebens (christlich geprägtes Handeln im Alltag und bei der Mitgestaltung der Gesellschaft). Einer der schönsten Konzilstexte.
DH	Dignitatis Humanae *„Die Würde der menschlichen Person…“*	Die Erklärung über die Religionsfreiheit 07.12.1965	DH behandelt das Verhältnis der Kirche zum weltanschaulichen Pluralismus der Gegenwart. Die Kirche antwortet darauf, dass die Menschheit sich ihrer weltweiten Verbundenheit immer mehr bewusst wird, und stellt dabei die Religionsfreiheit ins Zentrum. Als Begründung führt DH die unbedingte Würde jedes Menschen (=Personwürde) an. Diese wird in der Offenbarung begründet. Es wird unterstrichen, dass es im Glauben um einen freien Akt als freier Mensch geht, da nur so ein tatkräftiges Bekenntnis in der Lebensführung möglich ist.

Die Tabelle ist übernommen aus: Zweites Vatikanisches Konzil – Mit der Tradition in die Zukunft. © Landesstelle der Katholischen Landjugend Bayerns e.V., München 2011 (www.landjugendshop.de), S. 178-183.

Glossar

Aggiornamento

Aggiornamento (italienisch: *giorno* = der Tag, in etwa also: Verheutigung, heutig werden, auf-den-heutigen-Stand-bringen) ist eines der Leitmotive des Zweiten Vatikanischen Konzils. Zurückgeht geht die Bezeichnung auf Papst Johannes XXIII. Er stellte dem Konzil die Aufgabe, die christliche Frohbotschaft so zu formulieren, dass sie in der heutigen Zeit verstanden werden kann. Verwandt mit dem aggiornamento sind die ebenfalls von Johannes XXIII. geprägten Leitbilder von dem offenen Fenster, durch das frische Luft in den Raum der Kirche strömt, und von den Zeichen der Zeit, die im Lichte des Evangeliums zu interpretieren sind. Johannes XXIII. ging es um eine Erneuerung der Kirche von ihrem Ursprung her, bei aufmerksamem Achten auf die Zeichen der Zeit.
Was das Konzil darunter verstanden hat, sagt es programmatisch in der Konstitution über die „Kirche in der Welt von heute" (Gaudium et Spes): Öffnung und Zuwendung zur Welt in kritischer Zeitgenossenschaft, um ihren Auftrag erfüllen. In diesem Kontext heißt aggiornamento zweierlei: (1) Die Kirche begreift sich Teil dieser Welt, in der sie lebt. Sie empfindet eine tiefe Solidarität mit der Freude und Hoffnung aller Menschen, aber auch mit ihrer Angst, ihrer Trauer, ihrem Leiden (vgl. Nr. 1). (2) Um ihre Frohbotschaft allen Menschen nahezubringen, muss sie die Zeichen der Zeit erforschen und im Lichte des Evangeliums deuten (vgl. Nr. 4). Aggiornamento meint demnach kein undifferenziertes Sich-Anpassen an den Zeitgeist, sondern das Ernstnehmen des christlichen Sendungsauftrages: Kirche in der Welt von heute und für die Welt von heute zu sein.
→ Zeichen der Zeit

Apostolat

Apostolat meint die Aufgabe aller Christen, mit Hilfe des Heiligen Geistes ihr Christsein zu leben. Apostolat kommt aus dem Lateinischen und meint Sendung

---

Teile des Glossars sind entnommen aus: Zweites Vatikanisches Konzil – Mit der Tradition in die Zukunft. © Landesstelle der Katholischen Landjugend Bayerns e.V., München 2011 (www.landjugendshop.de), S. 184-189, ergänzt von Martin Schneider.

bzw. auch Status, Rang und Würde des Trägers einer Sendung. Zunächst war der Begriff dem Klerus und den Ordensleuten vorbehalten. Gegen Ende des 19. Jahrhunderts wurde der Begriff auch auf die Laien ausgeweitet. Das Zweite Vatikanische Konzil unterstrich dies durch die Rede vom Laienapostolat.
→ Laienapostolat

Autonomie der irdischen Wirklichkeiten
Die relative Eigenständigkeit und Eigengesetzlichkeit der Sachbereiche und der auf sie bezogenen Wissenschaften ist in der Pastoralkonstitution des Zweiten Vatikanischen Konzils in einem viel beachteten Abschnitt als „Autonomie der irdischen Wirklichkeiten" (Gaudium et Spes Nr. 36) bezeichnet worden. Demnach beansprucht die Kirche, nicht „mehr" zu wissen als die einzelwissenschaftlichen Disziplinen, die zum Beispiel im Rahmen der Soziologie, der Politologie sowie der Wirtschafts- und Rechtswissenschaften die empirischen Gegebenheiten analysieren und reflektieren. Damit verbunden ist die methodische Anregung, „von unten" anzusetzen und sozialwissenschaftliche Erkenntnisweisen mit normativen Gesichtspunkten des christlichen Glaubens zu vermitteln. Als geeignete Instrumente nennt das Konzil das „Aggiornamento", das Prinzip des dialogischen Umgangs mit den Partnern innerhalb und außerhalb der Kirche, das Erkennen der „Zeichen der Zeit". Andersdenkenden ist mit Achtung und Liebe zu begegnen; ihr Denken und Handeln soll man zu verstehen versuchen, mit ihnen ins Gespräch kommen. Dabei betont das Konzil aber zugleich, dass die Eigengesetzlichkeit der weltlichen Sachbereiche nicht von dem Willen des Schöpfers gelöst werden darf im Sinne einer falsch verstandenen Autonomie.
→ Aggiornamento, → Zeichen der Zeit

Beobachter
Beim Zweiten Vatikanischen Konzil waren erstmals in der Geschichte der katholischen Kirche auf Einladung von Papst Johannes XXIII. Vertreter anderer christlicher Kirchen und kirchlicher Gemeinschaften anwesend, z. B. der Anglikaner, der Orthodoxen, der evangelischen Kirche. Diese wurden als Beobachter bzw. Konzilsbeobachter bezeichnet und zeigten die ökumenische Zielrichtung des Konzils. Sie durften bei den konziliaren Beratungen anwesend sein und konnten über Kardinal Bea bzw. das Einheitssekretariat auch indirekt Einfluss auf Gang und Ergebnis des Konzils nehmen. Sie hatten aber weder Sitz noch Stimme beim Konzil.

Betsingmesse
Ausgehend von den Anregungen Romano Guardinis und der Benediktiner der Abtei Maria Laach feierte der Klosterneuburger Augustiner-Chorherr Pius Parsch ab 1922 sogenannte Betsingmessen bzw. Gemeinschaftsmessen in der Kirche St. Gertrud (Klosterneuburg), bei denen Teile der Messe vom Volk in deutscher Sprache gesungen wurden. Er wollte damit eine aktive Teilnahme der Mitfeiernden und eine Rückbesinnung auf das Urchristentum erreichen. Diese Feiern gelten als die Geburtsstunde der Liturgischen Bewegung in Österreich und Deutschland. Ein Durchbruch gelang, als beim Wiener Katholikentag 1933 eine Betsingmesse gefeiert wurde. In der Betsingmesse wurden für Teile des Gottesdienstes deutsche Gesangsformen entwickelt oder Lieder bestimmt. Gleichzeitig wurden diese Texte jedoch nach wie vor auf Latein vom Priester gesprochen. Die Doppelgleisigkeit von priesterlichem und gemeindlichem Handeln wurde noch nicht überwunden. Mit der Liturgiereform des Zweiten Vatikanischen Konzils und der Einführung volkssprachlicher Liturgie in der Feier der Gemeindemesse wurde die Betsingmesse obsolet. → Gemeinschaftsmesse

Diakonat / Diakon, ständiger
Der Diakonat bezeichnet das niedrigste sakramentale Weiheamt in der katholischen Kirche. Neben dem Diakonat der Priesteramtsanwärter hat das Zweite Vatikanische Konzil den Ständigen Diakonat eingeführt. Zu ihm können junge Männer, die sich zum Zölibat verpflichten, und auch Männer reiferen Alters, ledige und verheiratete, zugelassen werden. Neben der liturgischen Assistenz und eigener Funktionen wie z. B. Taufe, Predigt, Eheschließungsassistenz (anstelle des Priesters) oder Segnungen kann er auch mit pastoralen und caritativen Aufgaben betraut werden. Er übt seine Tätigkeit im Hauptberuf oder neben dem Zivilberuf aus.

Communio
Der Communio-Begriff legt es nahe, die Kirche als eine Gemeinschaft zu verstehen, die in der Gemeinschaft des dreipersonalen Gottes gründet. Die Konzilsväter griffen diesen Gedanken auf und verbanden mit ihm das Anliegen, die einseitig zentralistische Struktur der Kirche zu überwinden. Kirche sollte wieder als eine Gemeinschaft der Ortskirchen begriffen werden, von denen jede Kirche darstellt und verwirklicht (vgl. Lumen Gentium Nr. 21). Weder ist die Ortskirche eine Außenstelle der Universalkirche noch die Universalkirche ein nachträgli-

cher organisatorischer Zusammenschluss von Ortskirchen. Kirche existiert am Ort, dort, wo jeweils Gottesdienst gefeiert wird.
Die Konzeption von Kirche als Communio wurde vom Konzil auch für die Verhältnisbestimmung von Klerus und Laien herangezogen. Beide sind aufeinander angewiesen und verwiesen, im brüderlichen Zusammenwirken bilden sie die Kirche (vgl. Lumen Gentium Nr. 37). Der konziliare Grundgedanke, Kirche als Communio zu verstehen, hat daher nichts mit Uniformität zu tun. Es ist zunächst ein Aufruf zur Vielfalt. Jede und jeder ist berufen, an ihrem Platz und mit ihren Möglichkeiten die Hoffnung, die von Christus ausgeht, zu bezeugen. Die Communio entsteht aus der wechselseitigen Verwiesenheit der unterschiedlichen Dienste und Charismen. Die wechselseitige Verwiesenheit von Laien und Klerikern bedeutet daher, dass beide ihre jeweiligen Fähigkeiten für den Aufbau der Gemeinschaft einsetzen, wobei die Kleriker besondere Sorge dafür tragen, dass im Miteinander das Zeugnis Jesu lebendig erhalten bleibt (Dienst an der Einheit). Ähnliches gilt für die wechselseitige Verwiesenheit von Ortskirchen und Universalkirche.
Der Communio-Begriff gewann vor allem seit der Außerordentlichen Bischofssynode von 1985 an Bedeutung. Papst Johannes Paul II. hatte diese einberufen, um eine Bilanz der bisherigen Verwirklichung der Konzilsbeschlüsse zu ziehen. Das Schlussdokument der Synode spricht von drei Dimensionen, die die Kirche als Communio aufweist: (1) Communio verweist zunächst auf die Quelle, aus der die Dienste und Sendungen in der Kirche leben. Die Kirche ist zunächst und fundamental Communio oder Gemeinschaft der Getauften mit Gott und in Christus oder Leib Christi, der vom Heiligen Geist und seinen Gaben belebt wird. (2) Die zweite Dimension ist die Gemeinschaft der Gläubigen untereinander. Ihr Charakter als Gemeinschaft soll sich ausdrücken in den Institutionen und Strukturen der Kirche und in der Form der Kommunikation und Partizipation. (3) Die dritte Dimension ist die anzustrebende Gemeinschaft mit allen Menschen guten Willens, die Gott zum eschatologischen Gottesvolk sammeln will, und nicht zuletzt die Zuwendung zu den Armen und Bedrängten.

Dialog

Dialog meint den Umgang zwischen Menschen, die sich füreinander öffnen und bereit sind, voneinander zu lernen. Der Dialog kann auch der Begegnung zwischen „Welten“ dienen, die einander fremd geworden sind, etwa zwischen Kirche und moderner Welt, zwischen Kirche und Arbeiterschaft, zwischen Theologie

und profanen Wissenschaften, zwischen kirchlichen Autoritäten und Kirchenvolk. Durch ehrliche Offenheit und „Angstfreiheit“ kann der Dialog Grenzen überwinden und Welten miteinander ins Gespräch bringen. Das führt zu Ergebnissen, die über einen bloßen Interessensausgleich hinausgehen.
Das wichtigste kirchliche Dokument zum Dialog ist die Enzyklika von Paul VI. „Ecclesiam suam“ (1964). Die Pastoralkonstitution des Zweiten Vatikanischen Konzils „Gaudium et Spes“ (1965) hat deren Impulse aufgegriffen. Gefordert wird der Dialog in konzentrischen Kreisen: mit der Welt – mit anderen Religionen – mit anderen Kirchen. Voraussetzung für das Gelingen des Dialogs nach außen ist die Bereitschaft zum Dialog nach innen, in der Kirche selbst. Der entscheidende theologische Grund für die Dialogbereitschaft ist das Wirken des Heiligen Geistes. Weil dieser auch außerhalb der Kirche am Werk ist, hat die Kirche auf alle Menschen guten Willens zu hören.

Diözesanrat

Der Diözesanrat ist der repräsentative Zusammenschluss der in Katholikenräten, Verbänden und Initiativen engagierten katholischen Frauen und Männer einer (Erz-)Diözese. Er ist das vom (Erz-)Bischof anerkannte Organ zur Koordinierung des Laienapostolats und zur Förderung der apostolischen Tätigkeit auf der Ebene des (Erz-)Bistums im Sinne des Konzildekrets über das Apostolat der Laien (Nr. 26).
Gemäß den Beschlüssen der Würzburger Synode ist der Diözesanrat kein verfassungsrechtliches Organ der Kirche, sondern eine kirchliche Struktur in der Gesellschaft, also ein eigenständiges vereinsrechtliches Gremium. Die Rechtsgrundlage hierfür ist die „Vereinigungsfreiheit der Gläubigen“. Der Diözesanrat fasst seine Beschlüsse unabhängig und in eigener Verantwortung.
Zu seinen Hauptaufgaben zählt es, Entwicklungen in Gesellschaft, Politik und Kirche zu beobachten und die Anliegen der Katholiken in der Öffentlichkeit zu vertreten.
Der Diözesanrat setzt sich zusammen aus Vertretern der Räte auf mittlerer Ebene (Dekanats- und Kreiskatholikenräte) und Vertretern der katholischen Verbände und Vereinigungen auf Bistumsebene. Auch die fremdsprachigen Missionen und die Orden sind in ihm vertreten. Der Diözesanrat ist kein reines Laien-Gremium. Mit den Landkreisdekanen sind auch Vertreter des kirchlichen Amtes Mitglied. Ein vom (Erz-)Bischof bestellter Bischöflicher Beauftragter ist Mitglied der Vollversammlung und des (geschäftsführenden) Vorstands.

Unterschieden werden muss der Diözesanrat von dem im Kirchenrecht (cc. 511-514 CIC) vorgeschriebenen Diözesanpastoralrat. Dieser ist als verfassungsrechtliches Gremium der Kirche ein Beratungsorgan des (Erz-)Bischofs. Er soll unter dem Vorsitz des (Erz-)Bischofs all das, was sich auf das pastorale Wirken bezieht, untersuchen und praktische Folgerungen vorschlagen (vgl. c. 511 CIC).
→ Pfarrgemeinderat, → Zentralkomitee

Eigengesetzlichkeit der irdischen Sachbereiche
→ Autonomie der irdischen Wirklichkeiten

Erstes Vatikanisches Konzil
Dieses ökumenische (= weltweite) Konzil wurde von Papst Pius IX. einberufen und geleitet und tagte vom 8. 12. 1869 bis zum 18. 7. 1870 in Rom, St. Peter. Neben der Unfehlbarkeit des Papstes (Konstitution „Pastor aeternus") beschäftigte sich das Konzil mit Fragen der Offenbarung, dem Verhältnis von Glaube und Vernunft und Schöpfung (Konstitution Dei Filius). Durch den französischen Truppenabzug von Rom wegen des deutschfranzösischen Krieges und die folgende Eroberung des Kirchenstaates durch die Italiener endete das Konzil vorzeitig.

Eucharistischer Weltkongress
Die Initiative zu den Eucharistischen Weltkongressen ging Ende des 19. Jahrhunderts von der katholischen Kirche in Frankreich aus. Ein ständiges Päpstliches Komitee beim Vatikan in Rom betreut diese an wechselnden Orten der Welt stattfinden Versammlungen von katholischen Geistlichen, Ordensleuten und Laien. Die Eucharistischen Weltkongresse stehen in der Regel unter einem Leitthema, das sich auf die reale Präsenz Christi im Sakrament der Eucharistie bezieht, meist aber auch ein zeittypisches Bedürfnis der Menschheit aufgreift. Sie finden in zeitlichen Abständen von ein bis drei Jahren statt. Während der beiden Weltkriege sowie in der Nachkriegszeit bis 1952 fanden diese internationalen Glaubenstreffen nicht statt. In Deutschland fanden bisher zwei dieser internationalen Kongresse statt; der 20. Eucharistische Weltkongress vom 4. bis zum 8. 8. 1909 in Köln und der 37. Eucharistische Weltkongress vom 31. 7. bis zum 7. 8. 1960 in München. An dem Weltkongress in München nahmen über 1 Million Personen aus aller Welt teil.

Gemeinsame Synode der Bistümer in der Bundesrepublik Deutschland
→ Würzburger Synode

Gemeinschaftsmesse
Die Gemeinschaftsmesse (Missa dialogata: „Dialogisierte Messe“, auch „Chormesse“ genannt) ist eine in der Liturgischen Bewegung des 20. Jahrhunderts entstandene Sonderform der Tridentinischen Messe. Alles, was im „Hochamt“ der Chor singt und die Messdiener sagen, wird in der Gemeinschaftsmesse von den Teilnehmern im gemeinsamen „Chor“ gesprochen. Der Priester spricht eine begrenzte Anzahl von Messtexten laut (gewöhnlich nicht: Perikopen, Orationen, Messkanon). Häufig trägt ein „Vorbeter“ die Orationen (Tages-, Gaben- und Schlussgebet) und die Schriftlesungen (Epistel, Evangelium) laut in der Landessprache vor, während der Priester sie gleichzeitig am Altar still rezitiert.
→ Betsingmesse

Gottesvolk
→ Volk Gottes

Humanae vitae
In der 1968 veröffentlichten Enzyklika „Humanae vitae“ bestätigt Papst Paul VI. die Lehre, „dass jeder einzelne eheliche Akt nur dann sittlich gut ist, wenn er für die Weitergabe des Lebens offen bleibt“. Neu an der Begründung war, dass das Verbot der Empfängnisverhütung nicht mehr nur aus einem Widerspruch im menschlichen Handeln hergeleitet wird, sondern auch aus dem unrechtmäßigen Eingriff in biologische Gesetzmäßigkeiten. Nach der öffentlichen Kritik, die die Enzyklika erfuhr, wurden ihre Aussagen durch die *Königsteiner Erklärung* der deutschen Bischöfe vom 30. August 1968 und in Österreich durch die *Mariatroster Erklärung* teilweise relativiert. Der persönlichen Gewissensentscheidung der Eheleute für eine verantwortbare Kinderzahl wurde ein größerer Stellenwert zugesprochen.

Heilsgeschichte
Heilsgeschichte meint, dass die so genannte „profane“ Welt bis in ihre letzte Faser von Gottes Heilsgegenwart durchdrungen ist. Heilsgegenwart Gottes heißt, dass Gott das Heil, also das umfassende Wohlergehen der Menschen will und dazu in der Welt handelt und sich offenbart. Immer wo die Menschen diese

Heilsgegenwart Gottes erkennen und annehmen (bzw. danach leben), ereignet sich Heilsgeschichte. Doch erst in der Vollendung der ganzen Schöpfung wird Gottes Handeln und Gottheit ganz offenbar sein.

Heiligungsaufgabe
Heiligung meint einerseits das Ziel des Handelns Gottes mit den Menschen. Das heißt, dass die Menschen an Gottes Heiligkeit teilhaben und in die Gemeinschaft mit ihm gelangen sollen (→ Heilsgeschichte). Daran sollen andererseits die Gläubigen mitwirken. Sie tun dies unter anderem in der Liturgie.

Kardinal
Kardinäle sind nach dem Papst die höchsten Würdenträger in der katholischen Kirche. Sie wählen den Papst und unterstützen ihn in der Leitung der Gesamtkirche. Voraussetzung für die Ernennung zum Kardinal ist die Priesterweihe (neben Glaube, Sitte, Frömmigkeit und Klugheit in Verwaltungsangelegenheiten). Es gibt seit dem Mittelalter drei Klassen von Kardinälen: Kardinal-Diakone, -Priester und -Bischöfe, die den Titelkirchen bzw. Titelbistümern in und um Rom angehören. Mit Vollendung des 80. Lebensjahres verlieren die Kardinäle ihre Kurienämter und das aktive Papstwahlrecht, aber nicht den Ehrentitel „Kardinal".

Kar- und Osternachtsliturgie (Neuordnung 1951-1957)
Eine tiefgreifende Änderung der Liturgie noch vor der Reform des Zweiten Vatikanischen Konzils bedeutete die unter Papst Pius XII. (1939-1958) von 1951 bis 1957 durchgeführte Neuordnung der Karwoche und Osternacht. Wesentlicher Grundsatz war die zeitliche „Wahrheit" (veritas) der Feiern. Daher fand die Messe vom Letzten Abendmahl am Gründonnerstag wieder am Abend statt (frühestens 16 Uhr, spätestens 20 Uhr), die Feier vom Leiden und Sterben Christi am Karfreitag zur biblisch überlieferten Sterbestunde Jesu (die „neunte Stunde" des Tages = 15 Uhr) und die Auferstehungsfeier in der Nacht zum Ostersonntag. Man orientierte sich damit an der Praxis der frühen Kirche, die Feier der Auferstehung Christi als Vigil (Nachtwache) in der Nacht zum Ostersonntag zu begehen, woraus sich die Bezeichnung Osternacht bzw. Ostervigil ableitet.

Katakombenpakt

Kurz vor Ende des Konzils, am 16. November 1965, unterzeichneten 40 Bischöfe den sog. Katakombenpakt für eine machtlose, prophetische, dienende und arme Kirche. Zu den Unterzeichnern gehörte unter anderem Dom Helder Camara. Sie verstanden den Katakombenpakt als eine Selbstverpflichtung. Im Nachhinein unterschrieben weitere 500 Bischöfe die 13 Selbstverpflichtungen. Drei Jahre nach dem Konzil fand in Medellin (Kolumbien) die erste lateinamerikanische Bischofsgeneralversammlung statt, bei der der Katakombenpakt „lateinamerikanisiert“ wurde. Die „vorrangige Option für die Armen“ wurde zu einem Leitwort.

Katholikenrat

Katholikenrat bezeichnet ein übergeordnetes Gremium des Laienapostolats, das entweder die Dekanats-, Kreis-, Stadt-, Diözesan- oder Landesebene repräsentiert.

→ Diözesanrat, → Zentralkomitee

Konfession

Konfession kommt vom lateinischen *confessio*, was Geständnis, Bekenntnis heißt. Seit dem 19. Jahrhundert ist Konfession eine gebräuchliche Bezeichnung für die einzelnen christlichen Kirchen bzw. Gemeinschaften.

Konfessionsverbindende / Konfessionsverschiedene Ehe

Damit wird im katholischen Kontext die Ehe zweier Getaufter bezeichnet, von denen ein Partner der katholischen Kirche angehört, der andere einer anderen Kirche oder kirchlichen Gemeinschaft, die nicht in voller Gemeinschaft mit der katholischen Kirche steht.

Konzelebration

Konzelebration bedeutet im weiten Sinn jede Weise einer aktiven, vollen und bewussten Teilnahme eines Getauften an einer liturgischen Feier der Kirche. Im engeren Sinn heißt Konzelebration die besondere Weise der (sakramental) aktiven Teilnahme von Priestern und Bischöfen an einer Feier der Eucharistie, der sie nicht vorstehen. Sie sind aber im Gegensatz zu früher, wo Einzelzelebration und Privatmessen üblich waren, alle um den Altar versammelt und sprechen den Einsetzungsbericht gemeinsam.

Konzil / Konzilsväter

Konzil nennt man die Zusammenkunft von Verantwortungsträgern (in der Regel die Bischöfe mit dem Papst) in der katholischen Kirche, die richtungsweisende Entscheidungen für die kirchliche Lehre und die Praxis der Weltkirche trifft. Zu den stimmberechtigten Mitgliedern eines Konzils (=Konzilsväter) gehörten auf dem Zweiten Vatikanischen Konzil der Papst, die Bischöfe aus der ganzen Welt sowie Ordensobere.

Konzilsbeobachter

→ Beobachter

Konzil von Trient

Das Konzil von Trient fand 1545 bis 1547 in Trient statt. Es stellt die Antwort der katholischen Kirche auf die Reformation dar (u. a. Rechtfertigungslehre) und beschäftigte sich mit vielen verschiedenen Themen. Missstände des ausgehenden Mittelalters und der beginnenden Neuzeit sollten ausgeräumt werden. So kam es in der Folge zur Abschaffung der Missbräuche im Ablasswesen, zum Verbot der Ämterhäufung im Bischofsamt, zum Verbot von Privatmessen (ohne Kirchenvolk), zur Vereinheitlichung der Liturgie, zur Einrichtung von Priesterseminaren zur besseren Ausbildung der Seelsorger und zur Einführung der Formpflicht bei Eheschließungen (Ehen müssen in Anwesenheit von Zeugen vor einem Priester geschlossen werden). Auch die stärkere Betonung der Unterweisung des Kirchenvolks sowie die Einführung von sichtbaren Hochaltären (statt der Lettner, die das Kirchenvolk vom Altarraum trennten), stellen Nachwirkungen des tridentinischen Konzils dar. – Bis ins 19. Jahrhundert fand kein weiteres Konzil statt.

Kurie, römische Kurie

Die römische Kurie ist die Gesamtheit der Behörden und Einrichtungen, die dem Papst bei der Ausübung seines höchsten Hirtenamtes Hilfe leisten. Sie dienen dem Wohl und Dienst der Gesamtkirche und der Teilkirchen (= Diözesen). Papst und römische Kurie zusammen bilden den Apostolischen Stuhl. Die römische Kurie ist kein selbstständiges Gegenüber zum Papst, sondern dessen Werkzeug. Die Behörden der römischen Kurie handeln deshalb im Rahmen ihrer Zuständigkeit im Namen und in der Autorität des Papstes. Das heißt, sie haben stellvertretende Gewalt, keinen selbstständigen Willen neben oder gegen den Papst.

Laie

Laie stammt vom griechischen *laos*, „dem Volk zugehörig", ab. Nach der biblischen Volk-Gottes-Theologie werden mit Laien die Glieder des erwählten Gottesvolkes ausgezeichnet. Man ist Laie, wenn man zum Volk Gottes gehört, wenn man an Christus glaubt und von ihm berufen ist. Insofern sind alle, selbstverständlich auch die Amtsträger, Laien. Der Begriff Laie unterscheidet die Gläubigen von den Ungläubigen, das Volk vom Nicht-Volk, die Christen von den Nicht-Christen. Er bezeichnet nicht unterschiedliche Stände innerhalb der Kirche.

Im Laufe der Kirchengeschichte wurde die Unterscheidung zwischen Gläubigen und Ungläubigen überlagert durch interne Differenzierungen innerhalb der Gläubigen bzw. des Volkes Gottes. Es bildete sich ein Stand von Amtsträgern heraus, der sich mehr und mehr von den einfachen Gläubigen unterschied. Mit Laien bezeichnet man seitdem jene Gläubigen, die getauft sind, aber nicht zum Klerus gehören, also das Weihesakrament (Diakonen-, Priester-, Bischofsweihe) nicht empfangen haben. Laien wurden als passive, hörende Glieder der Kirche betrachtet, die der lehrenden Kirche des Klerus gegenüberstanden.

Mit dem Zweiten Vatikanischen Konzil erfolgte eine positive Neuausrichtung. Das Konzil hat sich von der alten Teilung der Kirche in Klerus und Laien verabschiedet und die biblische Volk-Gottes-Theologie wieder entdeckt. Vor aller Unterscheidung der Dienste und Ämter wird die gleiche Würde aller Getauften hervorgehoben. Alle sind, wie das Konzil sagt, „vom Herrn selbst durch Taufe und Firmung" (Lumen Gentium Nr. 33) zum Aufbau von Kirche und Welt berufen. Es gibt ein gemeinsames Priestertum aller Gläubigen. Laien werden seitdem nicht mehr als passive und zu versorgende Glieder der Kirche angesehen. Alle Getauften sind Träger der kirchlichen Sendung.

Das geltende Kirchenrecht (CIC von 1983) spiegelt das gewachsene Bewusstsein für die Stellung der Laien unter anderem dadurch wider, dass in einem eigenen Katalog die Pflichten und Rechte der Laien benannt werden (cc. 224-231 CIC). Die Bischofssynode hat sich 1987 mit Berufung und Sendung der Laien in Kirche und Welt befasst. Im Anschluss daran hat Papst Johannes Paul II. ein eigenes Apostolisches Schreiben zu diesem Thema veröffentlicht („Christifideles laici", 1988). → Communio, → Laienapostolat, → Volk Gottes

Laienapostolat

Die Laien haben in der Kirche die Pflicht und das Recht zum Apostolat, d.h. an der Sendung der Kirche mitzuwirken und durch Wort und Tat Zeugnis für

Christus zu geben. Das Laienapostolat kann als Einzelperson und in Gemeinschaft ausgeübt werden, sowohl in der kirchlichen Gemeinschaft im Auftrag und zusammen mit dem kirchlichen Amtsträgern (hierarchisches Apostolat) als auch in Freiheit von ihnen im weltlichen Bereich.
Es kann unterschieden werden zwischen den repräsentativen Organen des Laienapostolats (z. B. Katholikenräte) und einem inoffiziellen Laienapostolat, z. B. beim Einsatz von Einzelnen oder Gruppen zu ethischen Fragen (Abtreibung, Atomenergie, Fairer Handel u. a.). Zum Laienapostolat zählt aber auch die ehrenamtliche Mitarbeit in der Pfarrseelsorge wie z. B. Kommunionvorbereitung, Besuchsdienst.
In Deutschland besteht das Laienapostolat zudem aus einer Bandbreite von katholischen Verbänden und Vereinen, die großenteils im 19. Jahrhundert ihre Wurzeln haben. Katholiken schlossen sich damals selbst tätig zusammen, um mehr Einfluss auf gesellschaftliche und politische Entscheidungen nehmen zu können. Die Bewegungen lebten von zwei Motiven: der Verteidigung der kirchlichen Freiheit und dem Einsatz für soziale Reformen („Soziale Frage). Ein erstes zentrales Ereignis war die Versammlung der katholischen Vereine vom 3. bis 6. Oktober 1848 in Mainz (wird als der erste Katholikentag gezählt).
Die im 19. Jahrhundert entstandenen Laienaktivitäten waren den Päpsten und Bischöfen durchaus ein Anliegen. Die zunehmende und zum Teil kämpferische Distanz vieler politischer und gesellschaftlicher Kräfte gegenüber der katholischen Kirche und gegenüber dem christlichen Ethos, der militante Antiklerikalismus und die Trennung von Kirche und Staat (z. B. in Frankreich) gaben Anlass dazu, den Auftrag der Kirche auf breiterer Basis wirksam werden zu lassen. Die Laien sollten überall dort tätig werden, wo es den Bischöfen und den Priestern nicht mehr möglich war, die Welt mit der christlichen Botschaft zu erreichen, insbesondere in der Politik, der Wirtschaft- und Arbeitswelt, der Kultur (Weltdienst). Für diesen Auftrag wird seit Ende des 19. Jahrhunderts der Begriff Laienapostolat verwendet. Allerdings sollten die Laien nicht aus eigener Initiative, sondern im Auftrag und nach Anweisung des kirchlichen Amtes handeln. Sie sollten nach einem oft zitierten Wort von Pius XII. (1939-1958) den „verlängerten Arm der Bischöfe" bilden und so „ein Werkzeug in der Hand der Hierarchie" darstellen (Ansprache vom 14. 10. 1951). Die Einbindung der neu entstandenen katholischen Organisationen in die gesamtkirchliche Bindung geschah seit der ersten Hälfte des 20. Jahrhunderts über die sog. *Katholische Aktion*.
Seit dem Zweiten Vatikanischen Konzil wird die Eigenständigkeit des Laienapo-

stolats betont. Hergeleitet wird das Laienapostolat nun direkt von Christus, dem Haupt der Kirche: „Das Apostolat der Laien ist Teilnahme an der Heilssendung der Kirche selbst. Zu diesem Apostolat werden alle vom Herrn selbst durch Taufe und Firmung bestellt" (Lumen Gentium Nr. 33). In einem zweiten Schritt spricht das Konzil davon, dass es im Rahmen der gemeinsamen Sendung besondere Dienste und Ämter in der Kirche gibt: den Dienst des Bischofs, des Priesters, des Diakons, der Ordensleute – und infolge ihres Weltcharakters den besonderen Dienst der Laien. Er besteht darin, das berufliche, familiäre, gesellschaftliche und politische Umfeld so mitzugestalten, dass der Mensch gedeihen und sich entfalten kann. Damit ist das Konzept fallen gelassen, dem zufolge Laien von der Hierarchie delegiert werden können, die Vorstellung vom „verlängerten Arm der Bischöfe" kommt nicht mehr vor. Deshalb zählt zum kirchlichen Handeln nicht nur das Handeln der geweihten Amtsträger, sei es, dass sie selbst handeln oder dass in ihrem Auftrag gehandelt wird, sondern auch jenes Handeln, das aus Berufung kraft Taufe und Firmung geschieht.
→ Diözesanrat, → Laie, → Weltdienst, → Zentralkomitee

Liturgie

Liturgie bezeichnet im jüdischen und christlichen Sprachgebrauch alle im weitesten Sinn gottesdienstlichen Handlungen, Riten und Vollzüge. Die Gemeinschaft mit Gott und der Versammelten stehen im Mittelpunkt des Geschehens. Liturgie ist die Feier der ganzen aktuell versammelten Gemeinde. Im engeren Sinn ist Liturgie das in den liturgischen Büchern offiziell geregelte gottesdienstliche Handeln der Kirche.

Liturgiereform

Die vom Zweiten Vatikanischen Konzil angeordnete Erneuerung der Messordnung und des Missale Romanum erfolgte in mehreren Schritten zwischen 1964 und 1970. Noch während des Zweiten Vatikanischen Konzils, am 27. Januar 1965, wurde – unter gleichzeitiger Ankündigung einer Generalrevision des Missale Romanum – eine Neufassung der gesamten Zelebrationsvorschriften veröffentlicht. Am Gründonnerstag, den 3. April 1969, ordnete Papst Paul VI. die Veröffentlichung der erneuerten Messordnung (Ordo Missae, Gemeindemesse) mit einer Neuausgabe des Missale Romanum an (erschienen 1970). Damit wurde die sog. tridentinische Messordnung – genauer: ihre letzte gültige Fassung von 1965 – durch die heutige Normalform ersetzt. Infolgedessen gestatteten der

Papst und fast alle Bischöfe die Verwendung der „alten" Messordnung nicht länger für Gottesdienste mit Gemeinden (cum populo), sondern als Ausnahme für Privatmessen. Die neue Messordnung brachte eine Vereinfachung des Ablaufes und förderte vor allem die aktive Teilnahme der Laienchristen am Gottesdienst der Kirche. Schon seit 1965 wurde erlaubt, die Messe in der jeweiligen Volkssprache zu halten. Ab 1970 ist dies zur gewöhnlichen Praxis im Gemeindegottesdienst geworden. Zudem werden im neuen Missale Romanum für etliche Texte, u.a. auch für das Hochgebet, mehrere Formulare zur Auswahl angeboten. 1976 erschien das neue deutsche Messbuch. Die Liturgiereform, die in Ausführung der Bestimmungen des Zweiten Vatikanischen Konzils geschehen ist, wird von einigen Gegnern strikt abgelehnt, so z. B. von Erzbischof Marcel Lefebvre und der von ihm gegründeten Priesterbruderschaft St. Pius X.

Ökumene
Ökumene bezeichnet im Griechischen ursprünglich die ganze bewohnte Erde. Im kirchlichen Kontext haben sich im Lauf der Geschichte vor allem zwei Bedeutungen herausgebildet: 1. zur Kirche als ganzer gehörend bzw. sie betreffend (→ ökumenisches Konzil) und 2. die Beziehungen zwischen christlichen Kirchen bzw. Konfessionen betreffend. Zur zweiten Bedeutung gehört auch das Bewusstsein und der Einsatz für die Einheit der Kirche Christi, die umfassender als die institutionelle(n) Kirche(n) ist.

Ökumenisches Konzil
Ein ökumenisches Konzil bezeichnet in der katholischen Kirche ein weltweites (= ökumenisches) Konzil, zu dem sich Bischöfe, Kardinäle und Ordensvertreter aus der ganzen Welt versammeln. Daneben werden nur die ersten sieben großen Konzilien der ungeteilten Christenheit von allen christlichen Konfessionen als „ökumenische" Konzilien anerkannt.

Papst
Papst (von lat. *papa*, Vater) ist heute die übliche Bezeichnung für den Bischof von Rom als Inhaber des universalkirchlichen Petrusamts und Haupt der katholischen Kirche (→ Primat). Die Schwerpunkte eines zeitgerechten Verständnisses des Petrusamtes sind nach Paul VI. sind die Förderung der Einheit der Christen, der Einsatz für Frieden und Gerechtigkeit, ein klares Zeugnis christlichen Glaubens und christlicher Verantwortung in der Welt.

Der Papst genießt eine besondere kirchenrechtliche Stellung als Haupt der Kirche: Dazu gehört u.a. die Unfehlbarkeit in Fragen der Glaubens- und Sittenlehre. Er wird vom Papstwahlkollegium, das sind alle Kardinäle, die das 80. Lebensjahr noch nicht vollendet haben, gewählt.
Darüber hinaus ist der Papst Staatsoberhaupt des Kirchenstaates und Inhaber einer Vielzahl an Titeln, die sich im Laufe der Geschichte angesammelt haben.

Pastorales Konzil
Bezeichnung für das Zweite Vatikanische Konzil, das seine spezifisch pastorale Ausrichtung unterstreicht. Es berücksichtigt vor allem die christlich-kirchliche Praxis in ihren kulturellen und gesellschaftlichen Kontexten. Dadurch sind in ihm viele zeitgebundene Elemente und Formulierungen enthalten, was aber nicht heißt, dass seine Beschlüsse geringere Verbindlichkeit als frühere Konzilien besäßen.

Pfarrgemeinderat
Mit den Bildern von Kirche als Volk Gottes und Communio sowie mit der Aussage vom eigenständigen Apostolat der Laien hat das Zweite Vatikanische Konzil die Fenster geöffnet für eine stärkere Mitverantwortung und Beteiligung des ganzen Gottesvolkes an der Leitung der Kirche und ihrem Engagement in der Welt von heute. Der Pfarrgemeinderat ist auf Pfarreiebene das Gremium, in dem die gemeinsame Verantwortung institutionalisiert ist.
Vor dem Zweiten Vatikanischen Konzil gab es Pfarrausschüsse, in denen Laien und Kleriker gemeinsam die Pfarrei betreffende Fragen berieten. Die Schaffung dieser Gremien erfolge im Kontext der sog. Katholischen Aktion. In die Pfarrausschüsse wurden die Mitglieder vom Pfarrer berufen. Nach dem Konzil wurden die Pfarrausschüsse in gewählte Gremien, in die Pfarrgemeinderäte, umgewandelt. In der Erzdiözese München und Freising fand die erste Wahl zum Pfarrgemeinderat im Jahr 1968 statt. Auch der Vorsitzende des Pfarrgemeinderates ist nicht mehr wie bei den Pfarrausschüssen der Pfarrer, sondern ein von den Mitgliedern des Pfarrgemeinderates gewählter Laie.
Charakteristisch für den Pfarrgemeinderat ist seine Doppelfunktion. Als Organ des Laienapostolats kann er im Sinne des Konzildekrets über das Apostolat der Laien (Nr. 26) für den ureigenen Laienbereich des Weltdienstes eigenverantwortliche Entscheidungen treffen. Als Pastoralrat hat er in sinngemäßer Anwendung des Dekrets über die Hirtenaufgabe der Bischöfe (Nr. 27) eine beratende und den

Pfarrer unterstützende Funktion. Der „deutsche“ Pfarrgemeinderat entspricht daher nur zum Teil dem im Codex Iuris Canonici (CIC) von 1983 aufgeführten Pfarrpastoralrat (c. 536). Er ist „ein aliud, wenn auch kein totaliter aliud“, wie die Gemeinsame Konferenz der Deutscher Bischofskonferenz (DBK) und das Zentralkomitee der deutschen Katholiken (ZdK) festgestellt hat.
Die „deutsche“ Struktur der gemeinsamen Mitverantwortung in der Kirche wurde auf der Würzburger Synode festgelegt. Damit gelang es, an die Tradition des seit dem 19. Jahrhundert entstehenden deutschen Laienkatholizismus (Vereine, Verbände) anzuknüpfen und im Sinne des Zweiten Vatikanischen Konzils weiter zu entwickeln.
→ Communio, → Diözesanrat, → Laie, → Laienapostolat, ->Volk Gottes

Primat
Primat bezeichnet die höchste, allgemeine, volle und unmittelbare ordentliche Leitungsgewalt des Papstes über die Gesamtkirche und jeden Gläubigen. Dies ist mehr als eine bloße Oberaufsicht oder ein Ehrenvorrang in der Kirche.
Als Grundlage wird die Nachfolge Petri als Bischof von Rom und dessen durch Christus eingesetzter besonderer Dienst in und für die Kirche angeführt. Historisch-kritisch ist dies kaum belegbar.
Theologisch dient der Primat der Garantie und Darstellung der kirchlichen Einheit. Kirchenrechtlich bezeichnet der Primat die Vorrangstellung des Papstes in der Kirche, die ihm die freie Ausübung seiner Amtsgewalt bis in die Teilkirchen und deren Verbände hinein erlaubt.

Schema
Eine Vorlage für Beratungen und Beschlussfassungen auf einem Konzil heißt Schema.

Schisma
Schisma kommt aus dem Griechischen und meint Spaltung. Im kirchlichen Kontext wird damit ein Verstoß gegen die Einheit der Kirche bezeichnet, das heißt die Abspaltung einer Gruppe von der Kirche. Diese betreibt keine grundlegend andere („falsche“) Theologie, sondern teilt die soziale und gottesdienstliche Gemeinschaft der Christen nicht mehr. Es kommt zu einem Schisma. also einer Kirchenspaltung, sobald ein Bischofsstuhl doppelt besetzt ist (heute unwahrscheinlich) oder sich ein Bischof dem Primat des Papstes verweigert.

Schott
Um Laien eine bewusstere Mitfeier der Heiligen Messe zu ermöglichen, gab der Benediktinerpater Anselm Schott 1884 die hauptsächlichen Texte des Messbuches der römisch-katholischen Kirche (Missale Romanum) in einer verkleinerten Form mit deutscher Übersetzung heraus. Seither hat sich die Kurzbezeichnung Schott allgemein eingebürgert.
Der Schott wird von den Benediktinern der Erzabtei Beuron herausgegeben und besteht seit der Liturgiereform nach dem Zweiten Vatikanischen Konzil aus drei Bänden in deutscher Sprache für die Sonntage und zwei Bänden für die Werktage, entsprechend dem eingeführten Dreijahreszyklus für Sonntage (Lesejahr A mit Schwerpunkt auf dem Evangelisten Matthäus, Lesejahr B auf dem Evangelisten Markus und Lesejahr C auf dem Evangelisten Lukas).

Unfehlbarkeit
Unfehlbarkeit bezieht sich zunächst einmal auf die vom Heiligen Geist geleitete Kirche Jesu Christi und meint hier vor allem Unzerstörbarkeit.
Als Charisma wird die Unfehlbarkeit der Gesamtkirche und qualifizierten Gliedern – nämlich dem Papst und den Bischöfen mit dem Papst – zugestanden. Das heißt, diese können irrtumsfreie Lehraussagen so machen, dass diese unveränderlich, weil wahr sind.
Die päpstliche Unfehlbarkeit wurde beim Ersten Vatikanischen Konzil festgeschrieben und an strenge formale Kriterien gebunden. Der Papst muss dazu *ex cathedra* sprechen, das heißt mit oberster Lehrautorität in Glaubens- und Sittenfragen, verpflichtend für die Gesamtkirche mit ausdrücklichem definitorischem Wollen und abschließendem definitivem Urteil. Indirekt ist der Bezug zur Gesamtkirche vorausgesetzt, da der Papst sich zuvor aller Mittel zu bedienen hat, um seine Lehre auf ihren Zusammenhang mit der Offenbarung zu prüfen.
→ Erstes Vatikanisches Konzil

Unierte Ostkirchen
Als Unierte Ostkirchen werden Kirchen bezeichnet, die zwar Glauben und Primat des Papstes mit der katholischen Kirche teilen, jedoch eigene Liturgie, Spiritualität, Verfassung und Kirchenrecht haben. Sie stehen in voller Gemeinschaft mit der katholischen Kirche und sind katholische Kirchen östlicher (orthodoxer und altorientalischer) Tradition, die sich im Laufe der Kirchengeschichte wieder mit der katholischen Kirche uniert (vereinigt) haben.

Volk Gottes

Hauptanliegen des Zweiten Vatikanischen Konzils war es, das Selbstverständnis und Wesen der katholischen Kirche zu bestimmen. Dies ist ihm vor allem mit Hilfe des Bildes vom Volk Gottes gelungen, das in Rückbesinnung auf die biblische Tradition und auf die Urkirche ausgelegt und entfaltet worden ist. Vor allen Unterscheidungen wird damit die gleiche Würde und Berufung aller Glieder des Gottesvolkes betont. Dies kommt auch dadurch zum Ausdruck, dass in der Kirchenkonstitution „Lumen Gentium“ das dem „Volk Gottes“ gewidmete II. Kapitel dem der „Hierarchischen Verfassung der Kirche“ gewidmeten III. Kapitel vorangestellt ist.

Volk Gottes ist die Kirche insofern, als sie die Versammlung derer ist, die an Christus glauben, *Gottes* Volk insofern, als diese Versammlung sich nicht einer menschlichen Initiative verdankt, sondern Gott. Denn weil Gott die Menschen nicht vereinzelt zum Heil führt, ruft er sie als Gemeinschaft zusammen und sendet sie als Zeichen und Werkzeug der Liebe Gottes in die Welt. Als pilgerndes Volk Gottes ist die Kirche dazu aufgerufen, allen Menschen die frohe Botschaft zu verkünden und erfahrbar zu machen. → Laie

Weltdienst, Weltsendung, Weltaktivität, Weltcharakter

Traditionell zielte die Stoßrichtung der Laienaktivitäten auf das Handeln in Gesellschaft und Politik. Damit verknüpft war die Unterscheidung zwischen Heilsdienst und Weltdienst. Mit Weltdienst ist jene Handlungsformen gemeint, die christlich motiviert sind, sich aber auf „weltliche“, d. h. politische, kulturelle, soziale und wirtschaftliche Sachverhalte beziehen. Heilsdienst dient hingegen als Bezeichnung für Praxisformen, die auf die Vermittlung des von Gott geschenkten Heils abzielen und sich auf den Bereich des Sakralen bzw. Transzendenten beziehen. Gemeint sind damit vor allem Tätigkeiten, die im Binnenbereich der Kirche angesiedelt sind, also z. B. Feier der Sakramente, Eucharistie, Verkündigung, Gebet und Spiritualität. Parallelisiert wird die Unterscheidung zwischen Welt- und Heilsdienst oft mit derjenigen zwischen Laien und Klerikern, so dass die Laien als die vornehmlichen Träger des Weltdienstes und die Kleriker als die vornehmlichen Träger des Heildienstes firmieren.

Auch das Zweite Vatikanische Konzil greift an einigen Stellen diese Unterscheidung auf. So spricht es davon, dass den Laien „der Weltcharakter in besonderer Weise eigen“ ist und sie dazu berufen sind, „Sauerteig“ in der Welt zu sein (Lumen Gentium Nr. 31; Apostolicam Actuositatem Nr. 2). Allerdings ist damit keine strikte Revierabgrenzung zwischen Weltdienst der Laien und Heilsdienst der Kleriker gemeint. Es handelt sich um eine soziologische Bestimmung („Laien leben in der Welt…“) und aufgabenbezogene Verhältnisbestimmung und um keine theologische Wesensaussage. Das heißt: Aufgrund der soziologischen Tatsache, dass Laienchristen in der Welt leben, einen „weltlichen“ Beruf ausüben, Familie haben etc., können und sollen sie im besonderen Maß dafür sensibel sein, was sich gesellschaftlich, kulturell und auch religiös tut, sei es aufgrund ihrer beruflichen Erfahrung, ihrer öffentlichen Stellung oder aufgrund ihrer durch Beobachtung der Zeitläufe erworbenen Kompetenz.

Die Rede vom Weltbezug wird im Konzil nie im Sinne einer Abgrenzung zwischen Kirche und Welt verstanden. Der so genannte „Weltcharakter“, also das „Stehen-in-der-Welt“ und das „Im-Dienst-Stehen-für-die-Welt“ werden der Kirche als ganzer aufgetragen. Die Behauptung eines „Weltdienstes“ im Sinne eines bestimmten Tätigkeitsbereichs neben einer eigentlich heilsrelevanten Sphäre widerspricht der vom Konzil vorgenommenen Verhältnisbestimmung zwischen Kirche und Welt, weil sie die Gegenüberstellung von Kirche und Welt verstärkt. Weltdienst und Heilsdienst werden als unterscheidbare Akzente des einen Dienstes der ganzen Kirche verstanden, nämlich den Menschen die frohe Botschaft von der Nähe Gottes zu vermitteln. Sie dienen aber nicht als Begründung für „Revierabgrenzungen“ zwischen Klerikern und Laien. In den Konzilstexten wird daher immer wieder das Wortpaar „in Kirche *und* Welt“ verwendet, wenn von den Aufgaben der Laien gesprochen wird (Apostolicam Actuositatem Nr. 2, 5, 9). „Kirche *und* Welt“ bedeutet hier, dass Laien sich nicht aus ihren gesellschaftlichen Aufgabenfeldern zurückziehen dürfen, aber auch, dass innerkirchliche Problemfelder für sie nicht tabu sind. → Laienapostolat

Würzburger Synode

Von 1971 bis 1975 fand im Dom von Würzburg die Gemeinsame Synode der Bistümer in der Bundesrepublik Deutschland statt. Die Würzburger Synode, wie sie kurz genannt wird, wollte das Zweite Vatikanische Konzil „eindeutschen“ und Zugangswege zu den Menschen von heute suchen. Bis zu ihrem Abschluss am 23. November 1975 verabschiedete die Synode 18 Dokumente. Die Themenbereiche sind u. a.: Religionsunterricht, Sakramentenpastoral, Ehe und Familie, Jugendarbeit, Kirche und Arbeitnehmerschaft, Entwicklung und Frieden, Mitverantwortung der Laien, Bildung. Im Gefolge der Würzburger Synode entstand das spezifisch deutsche System der Katholikenräte auf Pfarr-, Dekanats- und Diözesanebene.

Besondere Bedeutung erlangte die Würzburger Synode durch die Beteiligung von Laien an verbindlichen Beschlüssen. Der Papst hatte dies entgegen dem geltenden Kirchenrecht genehmigt. Einziges Privileg der Bischöfe war, dass sie vor den Abstimmungen ein Veto einlegen konnten. Wegen ihres Einspruchs kam es etwa zu keinem Votum der Synode zur Priesterweihe bewährter Männer (viri probati) – ein Thema, das damals heiß diskutiert wurde. Die Anordnungen der Synode schufen partikulares Kirchenrecht, d.h. sie sind für die Bistümer der Bundesrepublik verbindlich.

Zeichen der Zeit

Das Stichwort von den „Zeichen der Zeit" zählt zu den am häufigsten zitierten Stichwörtern des Zweiten Vatikanischen Konzils (Gaudium et Spes Nr. 4). Der Ausdruck taucht bereits in der Enzyklika „Pacem et terris" (1963) von Johannes XXIII. auf. Damit verbunden ist ein Stil von Theologie und Pastoral, der nicht von einem Gebäude feststehender, immer gültiger Doktrinen ausgeht, sondern bei der konkreten Situation des Menschen ansetzt. Die Zeichen der Zeit sind keine bedeutungslosen Einzel-Phänomene, sondern Entwicklungen und Trends, die das Leben der Menschen nachhaltig beeinflussen. Die Zeichen der Zeit werfen Fragen auf, die nach einer Antwort verlangen, auf die „alte" Antworten aber oft nicht mehr passen.

Der Auftrag, die Zeichen der Zeit im Lichte des Evangeliums zu deuten, ist eng verwandt mit dem aus der Christlichen Arbeiterjugend (CAJ) bekannten Dreischritt „Sehen – Urteilen – Handeln". Die von Joseph Cardijin (1882-1967), dem Gründer der CAJ, in den 1920er Jahren entwickelte Methode hat spätere Konzilstheologen wie Gérard Philips und vor allem Marie-Dominique Chenu sowie Konzilsväter wie Achille Kardinal Liénart (Bischof von Lille) und seinen beim Konzil einflussreichen Sekretär Msgr. Glorieux beeinflusst. In seiner ersten Sozialenzyklika, „Mater et magistra" (1961), hat Johannes XXIII. den Dreischritt Sehen – Urteilen – Handeln ausdrücklich als Verwirklichungsgestalt der Grundsätze der katholischen Soziallehre empfohlen (Nr. 236). In der gegenwärtigen Pastoraltheologie spricht man auch gerne von einer „Kairologie", welche die pastorale Situation im Sinne einer Gegenwartsanalyse betrachtet und anhand von Urteilskriterien zu Handlungsimpulsen kommt. → Aggiornamento

Zentralkomitee der deutschen Katholiken (ZdK)
Das ZdK ist der repräsentative Zusammenschluss der in der katholischen Kirche in Deutschland aktiven Laien. Es ist das von der Deutschen Bischofskonferenz anerkannte Organ im Sinne des Konzilsdekrets über das Apostolat der Laien (Nr. 26) zur Koordinierung der Kräfte des Laienapostolats und zur Förderung der apostolischen Tätigkeit der Kirche. Es verbindet Diözesanräte, katholische Verbände, Institutionen des Laienapostolats sowie Persönlichkeiten aus Kirche und Gesellschaft unter einem gemeinsamen Dach. Das ZdK versteht sich als Forum politischer und kirchlicher Meinungs- und Willensbildung. Es vertritt die Anliegen der Katholiken in der Öffentlichkeit, beteiligt sich an politischen Gestaltungsprozessen und berät die Deutschen Bischofskonferenz in Fragen des gesellschaftlichen, politischen und kirchlichen Lebens. Als Bindeglied zwischen Kirche und Gesellschaft basiert seine politische Arbeit auf den Grundsätzen der Katholischen Soziallehre. Ein wichtiger Schwerpunkt ist die Veranstaltung der alle zwei Jahre stattfindenden Katholikentage.
Das ZdK geht auf die Generalversammlung der katholischen Verbände Deutschlands zurück. Die erste dieser Generalversammlungen fand 1848 in Mainz statt, sie gilt als erster Katholikentag. Ein Zentralkomitee der deutschen Katholikentage wurde erstmals auf dem Katholikentag in Bamberg 1868 gewählt. Seine Aufgaben waren die Vorbereitung der Katholikentage, die Administration ihrer Beschlüsse sowie die Förderung des katholischen Vereinswesens.
→ Diözesanrat, → Laienapostolat

Literatur und Links

Zweites Vatikanisches Konzil – Mit der Tradition in die Zukunft. © Landesstelle der Katholischen Landjugend Bayerns e.V., München 2011, 192 S.

Der informative und kreative Werkbrief der KLJB Bayern bietet: Geschichte und Hintergrund des Konzils | Fundierte Einführungen zu ausgewählten Konzilstexten | Persönliche Eindrücke von Zeitzeugen und Statements heutiger Akteure | Aktionsvorschläge zu allen vorgestellten Konzilstexten | Methoden zur kreativen und lebendigen Auseinandersetzung | Übersichtstabellen über Zeitabläufe, Dokumente und Neuerungen.
Der Diözesanrat der Katholiken hat die Erstellung des KLJB-Werkbriefes unterstützt.
Bestelladresse: Tel.: 089/178651-0; werkmaterial@kljb-bayern.de; www.landjugendshop.de

Texte des Zweiten Vatikanischen Konzils

Rahner, Karl; Vorgrimler, Herbert: Kleines Konzilskompendium. Sämtliche Texte des Zweiten Vatikanischen Konzils. 35. Auflage. Freiburg i. Br. 2008.

Weitere Literaturhinweise

Herder-Korrenspondenz Spezial (Oktober 2005): Das unerledigte Konzil.

Das Heft ist aus Anlass des 40jährigen Jubiläums des Konzilsendes (8.12.1965) erschienen. Es enthält zum einen Beiträge zu den wichtigen Konzilsdokumenten, die Bilanz darüber ziehen, was aus den Anstößen des Zweiten Vatikanischen Konzils geworden ist, wo ihre bleibenden Chancen wie auch ihre Grenzen liegen. Andere Beiträge zeichnen die Wirkungsgeschichte des Konzils in den verschiedenen Regionen der Weltkirche nach. Außerdem lässt das Heft Zeitzeugen aus Kirche, Theologie und Politik zu Wort kommen. Sie geben darüber Rechenschaft, wie sie das Konzil seinerzeit erlebt haben und was es rückblickend für sie bedeutet.

Alberigo, Guiseppe u. a.: Geschichte des Zweiten Vatikanischen Konzils. 5 Bände. Ostfildern 1997-2008.

Gut recherchierte Beschreibung der Geschichte des Zweiten Vatikanischen Konzils mit vielen Hindergrundinformationen. Sehr ausführlich und daher eher ein Nachschlagewerk, aber gut zu lesen.

Alberigo, Guiseppe: Johannes XXIII. Leben und Wirken des Konzilspapstes. Mainz 2000.

Sehr wohlwollend und nah an den Quellen, v.a. am geistlichen Tagebuch von Johannes XXIII. Gezeigt wird v.a. die innere Entwicklung des Konzilspapstes. Gut zu lesen.

Batlogg, Andreas R. SJ; Brodkorb, Clemens; Pfister, Peter (Hg.): Erneuerung in Christus. Das Zweite Vatikanische Konzil (1962-1965) im Spiegel Münchner Kirchenarchive. Begleitband zur Ausstellung des Erzbischöflichen Archivs München, des Archivs der Deutschen Provinz der Jesuiten und des Karl-Rahner-Archivs München anlässlich des 50. Jahrestags der Konzilseröffnung, Regensburg 2012.

Bucher, Rainer: … wenn nichts bleibt, wie es war. Zur prekären Zukunft der katholischen Kirche. Echter, Würzburg 2012.

Ein pastoraltheologischer Beitrag zum 50-jährigen Konzilsjubiläum. Im Mittelpunkt stehen die aktuelle Situation und die Zukunft der katholischen Kirche. Als Bewertungs- und Orientierungsmaßstab dienen Bucher zentrale Aussagen des Zweiten Vatikanischen Konzils: der Pastoralbegriff, die Volk Gottes-Theologie; das Stichwort von den Zeichen der Zeit und der damit verbundene Gottesbegriff. Das Zweite Vatikanische Konzil ist für Bucher nicht nur ein Glaubenszeugnis der Vergangenheit, sondern auch ein aktivierbares Programm für die kirchliche Praxis. Im Schlusskapitel spricht er von der prophetischen Kraft des Konzils.

Galli, Mario von; Moosbrugger, Bernhard: Das Konzil und seine Folgen. 2. Auflage. Luzern; Frankfurt am Main 1966.

Das Buch wirkt von der äußeren Erscheinung fast wie ein Fotoalbum. Neben Hintergrundinformationen zu den Themen des Konzils bietet es tagebuchähnliche Notizen über den Verlauf und einige Fotos mit Kommentaren, die viel von der Stimmung und vom Alltag des Konzils vermitteln.

Hübner, Siegfried: Aufbruch im Glauben mit Papst Johannes XXIII. Adlerstein Verlag, Wiesmoor 2010.

Das Buch enthält Texte über Papst Johannes XXIII. als Initiator des Konzils und über einige Ergebnisse des Konzils. Hübner bewegt vor allem die Frage, worum es bei all den Bemühungen um Aufbruch und Erneuerung in Glauben und Leben gehen soll. Seiner Meinung nach muss die entscheidende Frage lauten: Was will Gott heute von uns? Hübner zeigt auf, wie sich das Konzil und dessen Initiator Papst Johannes XXIII. dieser Frage stellte, und wie Erneuerung heute auf dieser Grundlage möglich wird.

Hünermann, Peter; Bausenhart, Guido: Herders Theologischer Kommentar zum Zweiten Vatikanischen Konzil. Sonderausg. 5 Bände. Freiburg i. Br. 2009.

Ausführlicher Kommentar zu den Texten des Zweiten Vatikanischen Konzils mit Hintergrundinformationen zur Entstehung und zu den theologischen Kontexten. Gedacht als Nachschlagewerk, wenn man zu einem Dokument mehr erfahren will. Der fünfte Band bietet zusätzlich theologische Interpretationen und Perspektiven.

Kraus, Georg: Die Kirche – Gemeinschaft des Heils: Ekklesiologie im Geist des Zweiten Vatikanischen Konzils. Regensburg 2012.

Was ist Kirche von ihrer Grundbestimmung her und wie muss sie sich im heutigen Kontext realisieren? Nach einer gründlichen Analyse der neutestamentlichen Ansätze zur Ekklesiologie und einigen Schlaglichtern auf exemplarische Grundbestimmungen von Kirche in der Theologiegeschichte (Augustinus, Thomas von Aquin, Martin Luther, Robert Bellarmin) reflektiert der Autor die neuen und fundamentalen Weichenstellungen des Zweiten Vatikanischen Konzils, die das heutige Kirchenverständnis prägen. Dabei legt er Wert auf eine sorgfältige Erörterung kontrovers diskutierter Themen der Ekklesiologie (z. B. das Verhältnis von Orts- und Gesamtkirche, Lehramt und Glaubenssinn der Gläubigen, besonderem und gemeinsamem Priestertum) und mahnt Reformen für die gegenwärtige Praxis an.

Pesch, Otto Hermann: Das Zweite Vatikanische Konzil. Vorgeschichte – Verlauf – Ergebnisse – Wirkungsgeschichte. 3. Auflage. Kevelaer 2011.

Ein kompaktes Taschenbuch, das aus heutiger Perspektive über das Konzil informiert und dabei viele Erklärungen und Hintergründe mitliefert. Nach einer ausführlich dargestellten Vorgeschichte ist der Verlauf des Konzils leider sehr kurz geraten. Darin finden sich gute, knappe Darstellungen der wichtigsten Konzilstexte mit ihrer jeweiligen Entstehung.

Rahner, Karl: Das Konzil – ein neuer Beginn, hrsg. v. Batlogg, Andreas R.; Raffelt, Albert. Freiburg i. Br. 2012

Karl Rahner war als Konzilstheologe am Zweiten Vatikanischen Konzil beteiligt. Zum Abschluss des Konzils hielt er diesen Vortrag, in dem er Bilanz zieht: Was war, was wurde erreicht, wie geht es weiter? Mit der Kirche? Mit dem Glauben? Mit uns? Sein Fazit: Der Abschluss ist der Beginn. Ein ergreifender Text des großen Theologen.

Roth, Markus: Joseph Maria Pascher (1893-1979). Liturgiewissenschaftler in Zeiten des Umbruchs. (MThS, H. 39), St. Ottilien 2011.

Das Zweite Vatikanische Konzil ist ohne die innerkirchlichen Bewegungen (Liturgische Bewegung, Ökumenische Bewegung etc.), die sich in der ersten Hälfte des 20. Jahrhunderts herausgebildet haben, nicht zu denken. Mit Joseph Pascher wird in diesem Buch ein Theologe vorgestellt, der, angereichert mit den Erfahrungen der unmittelbaren vorkonziliaren Zeit, zu einer, wenn auch im Hintergrund wirkenden, bedeutsamen Person wird. Zudem erlaubt das Buch einen kompakten Blick auf das Konzil und seine direkten Folgen auf die Liturgie der Kirche.

Sánchez, Katrin Gallegos; Henze, Barbara; Herkert, Thomas; Quisinky, Michael (Hg.): Aggiornamento im Erzbistum Freiburg. Das Zweite Vatikanische Konzil in Erinnerung und Dialog. Tagungsberichte der Katholischen Akademie der Erzdiözese Freiburg. Freiburg i. Br. 2011.

Sammlung von 55 Zeitzeugenberichten aus der Erzdiözese Freiburg. Anregend und gut zu lesen sind auch die Beiträge in der Einleitung.

Wenzel, Knut: Kleine Geschichte des Zweiten Vatikanischen Konzils. Freiburg i. Br. 2005.

Interessantes Buch, auch wenn der Titel nicht hält, was er verspricht. Es wird nicht der Verlauf des Konzils dargestellt, sondern die einzelnen Konzilsdokumente mit ihrer Entstehungsgeschichte. Alle Dokumente werden kurz, aber gut besprochen.

Interessante Links

Texte des Zweiten Vatikanischen Konzils
http://www.vatican.va/archive/hist_councils/ii_vatican_council/index_ge.htm

Grundinformationen zum Zweiten Vatikanischen Konzil
http://www.de.wikipedia.org/wiki/Zweites_Vatikanisches_Konzil

http://www.kathpedia.de/index.php?title=Zweites_Vatikanisches_Konzil

Informationen rund um die Würzburger Synode
http://wuerzburger-synode.jimdo.com/

Texte der Würzburger Synode
http://www.dbk-shop.de/de/Deutsche-Bischofskonferenz/Synodentexte.html

Zitierte Konzilsdokumente

Die Zeitzeugen verweisen auf Konzilstexte, die für sie sehr bedeutsam sind. In der folgenden Liste sind die zitierten Dokumente (inkl. der Seitenzahlen) aufgeführt.

Personen- und Sachregister

Autorinnen und Autoren

Ackermann, Lea, geb. 1937, Dr. theol., trat 1960 in den Orden „Unserer lieben Frau von Afrika“ (SMNDA) ein. 1967-1972 war sie Lehrerin in Ruanda. 1977 bis 1982 Studium der Pädagogik, Psychologie und Theologie mit abschließender Promotion. 1982-1985 Bildungsreferentin bei Missio München und Lehrbeauftragte an der Universität Eichstätt. 1985-1988 Lehrerfortbildung, Aufbau und Gründung von SOLWODI Kenia mit heute zehn Beratungsstellen. 1988-2012 folgte die Gründung von 15 SOLWODI-Beratungsstellen mit angegliederten Frauenschutzwohnungen in Deutschland. Sr. Lea erhielt zahlreiche Auszeichnungen, u.a. 2011 das Große Bundesverdienstkreuz. 2008 verlieh ihr die Theologische Fakultät der Universität Luzern den Ehrendoktor; von der Katholischen Akademie Bayern erhielt sie den Romano-Guardini-Preis. 1998 wurde sie „Frau Europas“.

Baumgartner, Alois, geb. 1941, Dr. theol., studierte während des Konzils in Freising und Münster Philosophie und Theologie. In den Jahren 1968 und 1969 Referent beim Diözesanrat der Katholiken der Erzdiözese München und Freising. 1970 Leiter des Synodenbüros in der Erzdiözese München und Freising (zur Vorbereitung der Gemeinsamen Synode der Bistümer in der Bundesrepublik Deutschland). 1971-1981 Assistent am Lehrstuhl für Christliche Sozialethik der Ludwig-Maximilians-Universität (LMU) München. 1982-1992 Geschäftsführer des Landeskomitees der Katholiken in Bayern. 1992-1994 Professor für Christliche Soziallehre und Allgemeine Religionssoziologie an der Otto-Friedrich-Universität Bamberg. 1994-2006 Professor für Christliche Sozialethik an der LMU München. Baumgartner war 1998-2010 Vorsitzender des Diözesanrats der Katholiken der Erzdiözese München und Freising. Er ist verheiratet und hat 2 Kinder.

Bayerlein, Walter, geb. 1935, Dr. jur., Staatsanwalt und Richter, zuletzt Vorsitzender Richter am Oberlandesgericht München. 1968-2005 Mitglied des Diözesanratsvorstands München und Freising, 20 Jahre Vizepräsident des Zentralkomitees der deutschen Katholiken (ZdK), Mitglied der Würzburger Synode, dort Mitglied der Sachkommission IX (Ordnung pastoraler Strukturen) und des

Rechtsausschusses. Bayerlein ist verheiratet und hat 2 Kinder und 6 Enkelkinder.

Brosseder, Hubert, geb. 1940, Dr. theol., studierte 1960-1965 an der Philosophisch-Theologischen Hochschule der Spiritaner in Knechtsteden Theologie, anschließend in München Weiterstudium am Institut für Katechetik und Homiletik und an der Katholisch-Theologischen Fakultät der Ludwig-Maximilians-Universität München. 1978 Promotion im Fach Pastoraltheologie. Nach der Zeit als Assistent am Lehrstuhl für Pastoraltheologie fünf Jahre in der betrieblichen Bildungsarbeit der WWK-Versicherungen. 1986-2003 Leiter des Münchner Bildungswerks. Nebenberuflich tätig in der Redaktion der Predigtzeitschrift „Der Prediger und Katechet" und Lehraufträge für Homiletik in Eichstätt und Benediktbeuern.

Dobmeier, Gotthard, geb. 1944, Dipl. theol., Dr. theol. h.c., 1970-1974 Diözesanvorsitzender des BDKJ (Bund der deutschen katholischen Jugend) in der Erzdiözese München und Freising, 1974-1988 Referent für politische Bildung an der Katholischen Landvolkshochschule Petersberg, danach 21 Jahre diözesaner Umweltbeauftragter; seit 1994 Mitglied der ökologischen Arbeitsgruppe der Deutschen Bischofskonferenz und seit 2001 zentraler Ansprechpartner der Deutschen Bischofskonferenz für Umweltfragen; Organist und Chorleiter in Erdweg.

Dobmeier, Johanna, geb. 1950, Lehrerin, 1970-1974 Diözesanvorsitzende des BDKJ (Bund der deutschen katholischen Jugend) in der Erzdiözese München und Freising; Vorsitzende des Pfarrgemeinderats und des Pfarrverbandsrats Erdweg (Dekanat Indersdorf), Wortgottesdienstleiterin.

Dohna, Elisabeth Gräfin zu, geb. 1944, studierte Sozialpädagogik und ist in der Frauenseelsorge zur Leitung von Besinnungstagen ausgebildet. Nach der Heirat 1968 Geburt von drei Söhnen (1969, 1971, 1972). Alle drei Söhne brachte sie gegen den Rat der Ärzte zur Welt. Ehrenamtliche Arbeiten: Nachtdienst im Obdachlosenheim, Gefangenenbetreuung in Aichach, Vorstandsmitglied im Sozialdienst kath. Frauen (skf), Mitarbeit im Pfarrgemeinderat in verschiedenen Gemeinden, Leitung von Besinnungstagen in Gemeinden, in einem Internat, mit Jugendgruppen und Firmgruppen, Leitung von Exerzitien im Alltag, Leitung des Arbeitskreises Evry des Diözesanrats der Katholiken.

Fellner, Johann, geb. 1945, Dipl. theol., war 1970-1972 Mentor der Laientheologen in der Hochschulgemeinde der Universität München. 1972-1976 Leiter des Synodenbüros der Erzdiözese. Ab 1976 baute er den Fachbereich Gemeindekatechese und ehrenamtliche Laiendienste auf. 1979-1991 war er Ausbildungsleiter für die Pastoralreferenten/innen, danach bis zum Eintritt in den Ruhestand am 1. 1. 2011 stellvertretender Leiter des Referates Pastorale Dienste und Leiter des Fachbereichs Pastoralreferenten.

Fiutak, Werner, geb. 1942, Oberstleutnant i. R., verheiratet, zwei erwachsene Söhne. Jugendarbeit in Köln, Mitglied in Pfarrgemeinderäten verschiedener Diözesen. 1991-2006 erster Obmann der Stefanus-Gemeinschaft, seit 1986 Mitglied im Pfarrgemeinderat St. Philipp Neri, München-Neuperlach, seit 1990 als Vorsitzender. 2006-2011 Dekanatsratsvorsitzender München-Perlach, seit 2009 Vorsitzender des Pfarrgemeinderates der neu gegründeten Pfarrei Christus Erlöser, München-Neuperlach. Seit 2011 Mitglied im Vorstand des Diözesanrats der Katholiken der Erzdiözese München und Freising.

Flemmer, Walter, geb. 1936, Dr. phil., Journalist und Schriftsteller. Seit 1960 journalistisch tätig, 1962-2001 beim Bayerischen Rundfunk, die letzten Jahrzehnte Kulturchef und stellvertretender Fernsehdirektor. 2001-2011 Präsident der Bayerischen Akademie für Fernsehen. Autor und Regisseur bei großen Kulturdokumentationen im In-und Ausland; Koproduktionen mit dem japanischen und chinesischen Fernsehen, weit über hundert Fernsehgesprächssendungen. Autor und Regisseur von Dokumentationen über die Religion und Kultur des Islam. Flemmer ist u. a. Mitglied im Bildungsausschuss der Katholischen Akademie in Bayern und gewählte Einzelpersönlichkeit des Diözesanrats der Katholiken der Erzdiözese München und Freising.

Glück, Alois, geb. 1940, war ab 1958 ehrenamtlich in der Katholischen Landjugendbewegung (KLJB) engagiert, u. a. als Dekanatsjugendführer, Kreisobmann der KLJB, Diözesanvorsitzender der KLJB München und Freising. 1964-1971 Landessekretär der KLJB Bayern. 1970-2008 Mitglied des bayerischen Landtags. Seit November 2009 Präsident des Zentralkomitees der deutschen Katholiken. Alois Glück ist Autor mehrerer Bücher und Publikationen zu gesellschaftspolitischen Entwicklungen.

Gruber, Gerhard, geb. 1928, Dr. theol., aus einer Lehrersfamilie stammend und aufgewachsen in München, studierte in Freising und Rom Philosophie und Theologie. 1953 in Rom zum Priester geweiht und dort 1956 zum Dr. theol. promoviert, war er zunächst als Kaplan und Präses der Marienanstalt in München tätig. 1961 berief ihn Kardinal Döpfner zu seinem Privatsekretär für die Angelegenheiten des Zweiten Vatikanischen Konzils und 1966 zu seinem Referenten für römische Angelegenheiten. Er begleitete in dieser Zeit den Kardinal zu allen Kommissionsterminen und Sitzungsperioden. 1968-1990 hatte Gruber unter den Kardinälen Döpfner, Ratzinger und Wetter das Amt des Generalvikars inne, dann war er bis 1995 als Personalreferent (Pastorale Dienste) und bis zu seinem Ruhestand im Jahr 2000 als Referent für die Diözesanseminarien tätig. Seitdem arbeitet er ehrenamtlich in der Erwachsenenbildung (Vorträge über das Zweite Vatikanische Konzil) und der Pfarrseelsorge (Gottesdienste im Pfarrverband Münsing) mit.

Haberl, Christoph, geb. 1929, Pfarrer im Ruhestand, zum Priester geweiht 1954. Haberl war zunächst als Kaplan in Gauting und München Zwölf Apostel und dann 32 Jahre als Pfarrer in Gauting tätig. Danach half er acht Jahre als Seelsorger im Krankenhaus Neuperlach mit. Haberl war einer der Vertreter der Erzdiözese München und Freising in der Würzburger Synode. Er arbeitete dort in der Sachkommission IV (Ehe und Familie) mit.

Häckler, Anton Heinrich, geb. 1942, Diakon seit 1977, davor Geschäftsführer im Generalvikariat des Erzbischöflichen Ordinariats München bei Generalvikar Dr. Gerhard Gruber. 1977-1982 Diakon in der Pfarrei „Zu den heiligen Zwölf Aposteln" München-Laim. 1982-2012 Domzeremoniar und Diakon am Dom Zu Unserer Lieben Frau, München. Diözesansprecher der Ständigen Diakone des Erzbistums München und Freising seit 2003 und Redakteur und Herausgeber der Zeitschrift „Diakon Anianus". Tätig in der Diakonenausbildung und Lektorenschulung.

Hauser, Theresia, geb. 1921, war 1947-1956 Diözesanführerin des BDKJ (Bund der Deutschen Katholischen Jugend) in der Diözese Rottenburg-Stuttgart; 1956-1964 Bundesführerin. Gleichzeitig war sie Schriftleiterin der Führungszeitschrift der Frauenjugend. In dieser Zeit hat sie mit der Bundesregierung das Freiwillige Soziale Jahr (FSJ) verabredet und gesetzlich gefasst. 1954-1964

Mitglied im geschäftsführenden Ausschuss des Zentralkomitees der deutschen Katholiken (ZdK). 1963 Berufung in den Gründungsausschuss des Deutsch-Französischen Jugendwerks. 1966-1983 bischöfliche Beauftragte für die Frauenseelsorge in Bayern und gleichzeitig Referentin in der Erzdiözese München und Freising. Hauser gründete die Zeitschrift „Das Thema" und leitete diese bis 1987. Hauser war Mitglied der Würzburger Synode, dort Mitglied der Zentralkommission und der Sachkommission VII (Charismen, Ämter und Dienste). Nach Abschluss der Berufstätigkeit rege schriftstellerische Tätigkeit, Supervision, viele Vorträge, Einkehrtage, Exerzitien.

Kronast, Konrad, geb. 1937, 1965 Priesterweihe durch Julius Kardinal Döpfner, 13 Jahre hauptamtlicher Jugendseelsorger, dann Pfarrer in Rechtmehring, Laufen a. d. Salzach und Übersee am Chiemsee. 2004-2011 Dekan im Dekanat Traunstein und Landkreisdekan. Seit 20 Jahren beauftragt für die Gemeindeberatung und Organisationsentwicklung. Seit 2011 Kurat auf der Fraueninsel.

Lechner, Odilo OSB, geb. 1931, war 1964-2003 Abt der Abtei St. Bonifaz in München-Andechs. 1972-1978 und 1984-1993 Präses der Bayerischen Benediktinerkongregation und 1972-1982 Vorsitzender der Salzburger Äbtekonferenz. In diese Zeit fällt im Gefolge des Zweiten Vatikanischen Konzils eine grundlegende Neufassung der Statuten der Bayerischen Benediktiner und die Erstellung eines neuen Stundenbuchs für den deutschen Sprachraum.

Maier, Hans, geb. 1931, Dr. phil., Dr. jur. h.c., war während des Konzils Professor für politische Wissenschaft am Geschwister-Scholl-Institut der Universität München. 1970-1986 war Maier bayerischer Staatsminister für Unterricht und Kultus und 1976-1988 Präsident des Zentralkomitees der deutschen Katholiken. 1988-1999 hatte er den Guardini-Lehrstuhl für Christliche Weltanschauung, Religions- und Kulturtheorie an der Universität München inne. 1999-2005 war er Vorsitzender der Stiftung Bibel und Kultur.

Marx, Reinhard Kardinal, geb. 1953, Dr. theol., war 6 Jahre lange Bischof der Diözese Trier, bevor er 2008 Erzbischof von München und Freising wurde. Als ehemaligem Professor für Christliche Sozialethik, als langjährigem Vorsitzenden der Deutschen Kommission Justitia et Pax („Gerechtigkeit und Frieden"), als Vorsitzendem der Kommission für gesellschaftliche und soziale Fragen der

Deutschen Bischofskonferenz und als Präsidentem der Kommission der Bischofskonferenzen der Europäischen Gemeinschaft (COMECE) ist ihm die Auseinandersetzung mit sozialen, gesellschaftlichen und wirtschaftlichen Fragen ein besonderes Anliegen. 2010 nahm ihn Papst Benedikt XVI. in das Kardinalskollegium auf.

Neuhauser, Peter, geb. 1940, Prälat, studierte in den Konzilsjahren Katholische Theologie und empfing 1966 die Priesterweihe. 1971-1975 war er Mitglied der Würzburger Synode, 1977-1986 Regionalpfarrer in München, 1986-2003 Diözesancaritasdirektor und 2003-2010 Fachbereichsleiter Seelsorge für Pastorale Dienste und Priesterseelsorge. Neuhauser war 25 Jahre Schriftleiter der Predigtzeitschrift Praedica Verbum. Für sein Engagement erhielt er zahlreiche Auszeichnungen, u. a. das Verdienstkreuz der Bundesrepublik Deutschland am Bande.

Neuner, Peter, geb. 1941, Dr. theol., studierte während der Jahre des Konzils in München, 1966 wurde er in Freising zum Priester geweiht. Nach Promotion und Habilitation war er Professor für Fundamentaltheologie in Passau, seit 1985 für Dogmatik und ökumenische Theologie an der Universität München. Er war Vorsitzender des Deutschen Ökumenischen Studienausschusses und als Vorsitzender des Katholisch-Theologischen Fakultätentags Sprecher der theologischen Fakultäten in Deutschland.

Rieß, Georg, geb. 1942, bayerischer Notar im Ruhestand, ist seit 1982 Mitglied im Diözesanrat der Katholiken der Erzdiözese München und Freising. Er war 15 Jahre einer der stellvertretenden Vorsitzenden. Über drei Jahrzehnte als Kreisrat einerseits und als Pfarrgemeinderat andererseits bemühte er sich um die Brücke zwischen Kommunen und den Pfarrgemeinden und kirchlichen Einrichtungen, v. a. auch in seinen Funktionen als Pfarrverbandsratsvorsitzender und Vorsitzender im Kreiskatholikenrat.

Röhmel, Winfried, geb. 1941, Journalist, war 1970-2008 unter den Erzbischöfen Julius Döpfner, Joseph Ratzinger, Friedrich Wetter und Reinhard Marx Leiter der Pressestelle und Pressesprecher des Erzbischöflichen Ordinariates München.

Seibel, Wolfgang, SJ, geb. 1928, war Berichterstatter während des Zweiten Vatikanischen Konzils und danach Chefredakteur der in München erscheinenden Zeitschrift „Stimmen der Zeit". 1968-1991 leitete er das im Auftrag von der Deutschen Bischofskonferenz gegründete Institut zur Förderung publizistischen Nachwuchses e.V. (ifp). Nach ihm ist der Pater-Wolfgang-Seibel-Preis benannt, der vom Förderverein des Instituts zur Förderung publizistischen Nachwuchses e.V. (Fifp) gestiftete Nachwuchspreis für junge Journalisten.

Rothmeier sen., Jakob, geb. 1931, Ingenieur. Rothmeier war 36 Jahre Pfarrgemeinderatsvorsitzender in Rott am Inn, 30 Jahre Dekanatsratsvorsitzender von Wasserburg. Viele Jahre war er Vorstandsmitglied im Kreiskatholikenrat Rosenheim und im Diözesanrat der Katholiken der Erzdiözese München und Freising. In der Pfarrgemeinde ist er seit ihrer Einführung Lektor, Kommunionhelfer und Wortgottesdienstleiter. Rothmeier war auch aktiver Kommunalpolitiker. 24 Jahre war er im Gemeinderat in Rott am Inn.

Schneider, Martin, geb. 1971, Dr. theol., ist theologischer Grundsatzreferent des Diözesanrates der Katholiken der Erzdiözese München und Freising und Lehrbeauftragter an der Katholischen Stiftungsfachhochschule München, Abt. Benediktbeuern. 1992-1993 Vorsitzender des Diözesanverbandes der Kath. Landjugendbewegung (KLJB) Eichstätt. 1996-1999 Vorsitzender des Vereins zur Förderung von Jugend- und Sozialarbeit in München Nord e.V. 1999-2003 Vorsitzender der Freunde und Förderer der KLJB Eichstätt e.V. Seit 2000 Mitarbeit in der Erwachsenenbildungsreihe „Fiegenstaller Forum". Seit 2010 Mitglied des Pfarrgemeinderates Hl. Geist Augsburg-Hochzoll.

Spangler, Rita, geb. 1944, war während des Zweiten Vatikanischen Konzils Pfarrjugendleiterin im Allgäu. 1967 zog sie nach München um. Während der Erziehungszeit ihrer zwei Söhne engagierte sie sich in diversen Ehrenämtern. 1993-2010 leitete sie als Vorsitzende und Geschäftsführerin den Diözesanverband der Katholischen Frauengemeinschaft Deutschlands (kfd). Dem Vorstand des Diözesanrats gehört Spangler seit 1994 an.

Stützle, Hanna, geb. 1931, war 1982-1998 Vorsitzende des Diözesanrats der Katholiken der Erzdiözese München und Freising. Stützle war die erste Frau an der Spitze eines Diözesanrats in einem bayerischen Bistum. Die Wurzeln ihres Engagements liegen in der Pfarrjugend und im katholischen Werkvolk, der späteren Katholischen Arbeitnehmerbewegung (KAB). 1968 wurde sie zum ersten Mal in den Pfarrgemeinderat St. Sebastian München gewählt. In ihrer Funktion als Vorsitzende des Diözesanrats war sie auch Mitglied im Landeskomitee der Katholiken in Bayern und im Zentralkomitee der deutschen Katholiken (1985-1993 stellvertretende Vorsitzende des Landeskomitees und 1984-1997 Mitglied im Geschäftsführenden Ausschuss des ZdK). 1975-1993 war sie ehrenamtlich stellvertretende Vorsitzende des Diözesan-Caritasverbandes. 1970-1998 wirkte sie für die CSU im Bezirkstag von Oberbayern. In dieser Zeit war sie auch ehrenamtliche Sozialhilfereferentin (im Bezirk Oberbayern). 1994 erschien ihr Buch „Glauben heißt handeln – Herausforderung der Laien in Kirche und Gesellschaft".

Tremmel, Hans, geb. 1963, Dr. theol., war 1992-1997 wissenschaftlicher Assistent am Lehrstuhl für Christliche Sozialethik an der Ludwig-Maximilians-Universität München. 1997-2002 leitete er den Fachbereich Caritas und Soziale Fachverbände im Erzbischöflichen Ordinariat München. Seit 2002 lehrt Tremmel als Professor für Theologie und Ethik in der Sozialen Arbeit an der Katholischen Stiftungsfachhochschule München, Abteilung Benediktbeuern, und leitet dort die Theologische Zusatzausbildung (TZ). Seit 8. Oktober 2010 ist er Vorsitzender des Diözesanrats der Katholiken der Erzdiözese München und Freising. Tremmel ist verheiratet und Vater von 2 Kindern.

Utters, Bernhard, geb. 1949. 1969-1975 Studium der Soziologie und Volkswirtschaft an der Universität Köln. Gleichzeitig war er ehrenamtlicher Diözesanleiter der Katholischen Jungen Gemeinde (KJG) in der Erzdiözese Köln, anschließend Landesvorsitzender des Bundes der Katholischen Jugend (BDKJ) in Bayern und Geschäftsführer der Landesstelle für Katholische Jugendarbeit in München. Zwischen 1980 und 2006 verschiedene Managementfunktionen in der Personalentwicklung und im internationalen Geschäft einer großen Bank. Seit 2006 Vorsitzender des Dekanatsrats Fürstenfeldbruck und seit 2010 Mitglied im Vorstand des Diözesanrats der Katholiken der Erzdiözese München und Freising. Utters ist verheiratet und hat drei erwachsene Kinder.

Wetter, Friedrich Kardinal, geb. 1928, Dr. theol., ist emeritierter Erzbischof von München und Freising. 1948-1953 studierte er Katholische Theologie an der Philosophisch-Theologischen Hochschule Sankt Georgen in Frankfurt am Main und an der Päpstlichen Universität Gregoriana in Rom. Während des Konzils lehrte Wetter an der Hochschule Eichstätt. 1967 erhielt er an der Johannes-Gutenberg-Universität Mainz eine Professur für Dogmatik. 1968 wurde er zum Bischof von Speyer geweiht. 1982 ernannte ihn Johannes Paul II. zum 12. Erzbischof von München und Freising. 1985 wurde er in das Kardinalskollegium aufgenommen.

Bildnachweis

Die Rechte der Fotografien liegen bei den jeweiligen Autorinnen und Autoren mit Ausnahme von S. 81 (© Isolde Ohlbaum)